사회와 친해지는 책읽기법
# 너구리 판사 퐁퐁이

2013년 10월 30일 초판 1쇄 발행
2025년 7월 31일 초판 18쇄 발행

글　　　　김대현·신지영
그림　　　이경석

펴낸이　　염종선
책임편집　이하림
디자인　　반서윤 이재희
펴낸곳　　(주)창비
등록　　　1986. 8. 5. 제85호
제조국　　대한민국
주소　　　10881 경기도 파주시 회동길 184
전화　　　031-955-3333
팩스　　　031-955-3399(영업) 031-955-3400(편집)
홈페이지　www.changbikids.com
전자우편　dongmu@changbi.com

ⓒ 김대현, 신지영, 이경석 2013
ISBN 978-89-364-4637-6 73360

* 이 책 내용의 일부 또는 전부를 재사용하려면 반드시 저작권자와 창비 양측의 동의를 얻어야 합니다.
* 책값은 뒤표지에 표시되어 있습니다. * KC마크는 이 제품이 공통안전기준에 적합하였음을 의미합니다.
* 사용 연령: 5세 이상 * 종이에 베이거나 긁히지 않도록 주의하세요.

사회와 친해지는 책 법

# 너구리 판사 풍풍이

이야기로 배우는 법과 논리

김대현·신지영 글 | 이경석 그림

창비

## 차례

이야기를 들어가며 너구리 판사 퐁퐁이가 누구길래? • 6

**퐁퐁이의 사건 파일 1 모든 결과에는 원인이 있다** • 10
    너구리 판사 퐁퐁이의 재판 경운기는 왜 미끄러졌나? • 20
    판결 이유를 말해 줘! • 26
    뒷이야기 • 34

**퐁퐁이의 사건 파일 2 잘못된 생각, 좋은 결과** • 38
    너구리 판사 퐁퐁이의 재판 깨진 유리창 • 48
    판결 이유를 말해 줘! • 54
    뒷이야기 • 60

**퐁퐁이의 사건 파일 3 불가능한 행동을 요구할 수 있을까?** • 64
    너구리 판사 퐁퐁이의 재판 우연히 주운 시험지 • 72
    판결 이유를 말해 줘! • 78
    뒷이야기 • 84

**퐁퐁이의 사건 파일 4 잘못된 행동을 그만두는 방법** • 88

    너구리 판사 퐁퐁이의 재판 도둑과 파수꾼 • 98

    판결 이유를 말해 줘! • 104

    뒷이야기 • 112

**퐁퐁이의 사건 파일 5 악법도 법일까?** • 116

    너구리 판사 퐁퐁이의 재판 초등학생, 파업하다! • 126

    판결 이유를 말해 줘! • 132

    뒷이야기 • 138

이야기를 나오며 우리도 퐁퐁이 판사를 만날래! • 142

작가의 말 • 146

이야기를 들어가며

# 너구리 판사 퐁퐁이가 누구길래?

"야! 너 이리 와 봐."
"흥! 오란다고 가면 내가 네 부하게?"
"그래? 안 오겠다 이거지. 그럼 내가 가면 되겠군."
"오냐! 어디 한번 와 봐라. 누가 이기는지 결판을 내 보자."

햇살이 어둠을 뚫고 산기슭을 비추기 시작하는 아침이에요. 황금빛으로 물결치는 억새가 끝없이 펼쳐진 벌판에서 하이에나와 표범이 한바탕 말싸움을 벌이고 있어요. 두 동물은 왜 이른 아침부터 한 치의 양보도 없이 마주 서서 싸우고 있을까요?

온몸에 박힌 점이 떨어져 나갈 듯이 털을 빼쪽 세운 하이에나는 도대체 무엇에 화가 난 걸까요? 금방이라도 눈에서 불을 뿜을 것 같은 표범은 왜 성이 나 있고요. 무슨 일인지는 몰라도 아침부터 온 산을 깨울 정도면 큰일인 건 분명해 보이죠? 사나운 두 동물이 고래고래 소리 지르며 말싸움을 벌이니 다른 동물들이 못 들을 리 없어요. 하지만 말리기는커녕 이제는 지쳤다는 듯 그저 한마디씩 중얼거릴 뿐이에요.

"어휴, 저 녀석들 또 시작이네."

"그러게 말이야. 지치지도 않나? 맨날 말로만 결판낸다지."

한참 달게 자고 있던 동물들은 짜증이 났어요. 그도 그럴 것이 저 둘의 다툼은 늘 있는 일이거든요. 단지 싸움을 말릴 뾰족한 수가 없어 다들 불평만 하고 있지요. 얼마 전 이웃 마을에 여행을 갔다가 돌아온 담비가 궁금하다는 듯이 물었어요.

"왜 아무도 싸움을 말리지 않는 거죠?"

"저 녀석들은 누가 말해도 공정한 이야기가 아니라고 믿거든. 무조건 어느 한쪽 편을 든다고 생각하지."

"이상하네요. 여러 가지 알맞은 이유를 들어 설명해 주면 말이 통하지 않을까요?"

"그게, 그럴 때마다 서로 자기가 옳다고 이유를 대는데, 그 말을 들으면 그럴싸하게 들려서 결판을 짓기 어렵더라고."

흰 수염을 길게 기른, 나이 지긋한 염소가 설명해 주자 가만히 듣고 있던 담비가 씽긋 웃으며 문제없다는 듯 외쳤어요.

"그럼 퐁퐁이 판사에게 가면 해결되겠네요."

"퐁퐁이 판사?"

"네! 퐁퐁이 판사요."

무척이나 자신 있게 외쳐서일까요? 주변에 있던 모든 동물들이 두 귀를 쫑긋 세우고 약속이나 한 듯이 담비를 쳐다보았어요. 정말이지 동물들은 하이에나와 표범의 다툼에 질려서 누구라도 이 문제를 해결해 주기만을 바라고 있었거든요.

"퐁퐁이 판사가 누군데 그래요, 네?"

성질 급한 토끼가 재촉하며 물었어요.

"퐁퐁이 판사는 제가 여행을 다녀온 행복 마을에 살아요. 복슬복슬하고 통통한 너구리죠. 행복 마을에서는 동물들 사이에 다툼이 생기면 퐁퐁이 판사에게 해결을 부탁하더라고요."

"문제를 어떻게 해결하는데요?"

"그곳에서는 다툼이 생길 때, 표범과 하이에나처럼 무턱대고 우기거나 힘으로 해결하려고 하지 않아요. 동물들이 모여서 함께 만든 규칙에 따라 해결하죠."

"규칙요?"

"그래요. 규칙! 저마다 생각도 다르고 성격도 다른 동물들이 한데 모여 사는 곳에서 다툼이 없을 리가 없잖아요. 그래서 행복 마을은 다툼이 생길 것을 미리 생각하고 규칙을 만들어 놓았어요. 그걸 '법'이라고 부르더군요. 다툼이 생길 때마다 법을 적용하면 다툼이 크게 번지지 않고, 공평하게 해결되죠. 너구리 퐁퐁이는 바로 법을 다루는 판사예요."

"말이 쉽지, 동물들 간의 다툼이 그렇게 쉽게 해결될까요?"

담비가 침을 튀기며 행복 마을과 퐁퐁이에 대해 칭찬을 늘어놓았지만 동물들은 의심스럽다는 듯 고개를 저었어요.

"저도 처음에는 여러분처럼 의심을 했죠. 하지만 어렵고 복잡한 사건을 척척 해결하는 퐁퐁이 판사의 모습을 보고, 어느새 퐁퐁이 판사의 팬이 되었답니다."

"우아! 정말인가요? 우리한테도 그 이야기를 들려주세요."

동물들은 담비 주변에 모여 꼬리를 가랑이 사이에 말고 이야기를 들을 준비를 했어요. 한바탕 말싸움을 하던 하이에나와 표범도 궁금한지, 어느새 다툼을 멈추고 담비 주변을 기웃거리고 있었죠. 모든 동물이 이야기를 들을 준비를 마치자 담비는 침을 한 번 꿀꺽 삼키더니 아까 두었던 이야기를 시작했답니다.

"제가 행복 마을에 가서 처음 본 사건은 말이죠. 황소와 족제비가 배추 때문에 싸운 사건이었는데……."

행복 마을의 서쪽에는 커다란 논밭이 있어요. 마을에 사는 동물들이 먹는 곡식과 야채는 다 여기서 키워 내고 있답니다. 제비꽃, 민들레가 쫑긋쫑긋 푸른 싹을 틔우는 봄이 되면 모두들 한 해 농사를 시작하지요. 여름 내내 땀 흘린 보람이 가을 들판에서 익어 가면 농사를 짓는 동물들의 마음도 노란 벼 이삭만큼 풍요로워집니다.

그중에서도 가장 큰 밭을 가지고 있고, 가장 열심히 일하는 동물은 바로 씩씩하고 성실한 황소예요.

"올해도 황소네 배추가 제일 잘 컸네."

"그러게 말이에요. 할 수만 있다면 돈을 주고라도 농사 짓는 법을 배우고 싶다니까요."

황소네 밭을 지나가던 동물들은 통통하게 살이 오른 배추를 보며 입에 침이 마르게 칭찬을 했어요. 하지만 황소에게 특별한 비법이 있는 건 아니었어요. 단지 아침부터 저녁까지 잠시도 쉬지 않고 열심히 배추를 가꾸고 가족처럼 소중하게 대했을 뿐이지요.

황소는 잘 키운 배추들을 농산물 시장에 내다 팔았어요. 황소네 배추는 잎이 푸르고 싱싱한 데다가 속이 꽉 차서 시장에

오는 손님들의 눈길을 끌었어요. 황소네 배추를 한번 맛본 동물들은 모두 황소네 배추만 찾아서 손님들이 줄지어 사 갈 정도였답니다.

"이 집 배추가 최고야."

"잎이 아삭아삭하고 밑동은 두툼해서 단맛까지 난다니까."

그렇다 보니 다른 동물들이 키우는 배추는 잘 팔리지 않았어요. 그중에서도 특히 게으르고 뺀질대는 족제비가 키우는 배추는 잎의 색이 누렇고, 배추의 크기도 작았어요. 그러니 족제비의 배추를 사러 오는 동물은 아무도 없었지요.

어느 날이었어요. 족제비는 그래도 혹시나 싶어 배추를 싣고 시장에 가서 팔려고 했어요. 하지만 족제비의 배추를 찾는 동물은 아무도 없으니 시장에서도 더 이상 받지 않겠다는 말을 들었지요.

족제비는 기분이 꽉 상한 채 시든 배추 이파리처럼 시장 밖으로 터덜터덜 걸어 나왔어요.

"말도 안 돼! 내가 키운 배추가 뭐가 어떻다는 거야? 다 오십 보 백 보, 도토리 키 재기지. 다른 집 배추는 뭐 얼마나 잘났다고!"

투덜거리며 걷던 족제비의 눈에 배추를 가득 실은 경운기가 보였어요. 배추가 하나같이 싱싱하고 큼직한 게 황소네 배추가 틀림없었지요.

배추를 높이 쌓은 황소의 경운기는 시장 앞 도로에 세워져 있었는데, 그 도로는 경사가 조금 가팔랐어요. 그래서 황소는 경운기가 미끄러지지 말라고 양쪽 뒷바퀴에 사다리꼴 모양의 나뭇조각을 괴어 놓고 갔지요.

"배추가 다르면 얼마나 다르다고 황소네 배추만 찾는 거야! 이파리에 금이라도 발라 놓았나 보지?"

족제비는 성큼성큼 걸어가 경운기 안의 배추를 들여다보았어요.

"내가 보기엔 별 차이도 없네! 그런데 주인은 어디 가고 배추만 있어?"

족제비가 주변을 휘휘 둘러보았어요. 황소는 경운기를 경사진 도로에 세워 놓고 농산물 시장의 지배인인 표범과 이야기를 하고 있었어요. 배추 판매 계약이 잘되었는지 큰 소리로 웃고 떠들고 있지 뭐예요. 그 모습을 본 족제비는 갑자기 짜증이 확 났어요. 자기 배추가 농산물 시장에서 팔리지 않은 게 다 황소 탓인 것 같았어요.

"이놈의 배추! 꼴도 보기 싫어!"

갑자기 화가 머리끝까지 치밀어 오른 족제비는 홧김에 황소네 경운기의 뒷바퀴를 발로 뻥 찼어요. 그 순간 경운기 뒷바퀴에 받쳐 놓은 나뭇조각이 바퀴 바깥으로 튕겨 나가 버렸어요. 잠시 후 경운기는 도로 아래쪽으로 천천히 미끄러지기 시작했어요.

"으악! 이 경운기가 왜 이래?"

당황한 족제비가 큰일 났다고 소리를 지르며 경운기를 붙잡

앉어요. 하지만 배추가 가득 실린 경운기의 무게를 이기긴 어려웠지요.

이 광경을 보고 깜짝 놀란 황소와 표범도 얼른 달려와 족제비와 함께 경운기를 붙잡았어요. 하지만 점점 빨라지는 경운기의 속도를 당해 낼 수 없었어요. 결국 경운기는 한참을 미끄러져 내려가다 뒤집혀 버렸어요.

자식처럼 키운 배추가 죄다 못 쓰게 되자 황소의 눈에서는 방울 같은 눈물이 뚝뚝 떨어졌어요. 화가 머리끝까지 난 황소는 딱딱한 발굽을 세우고 족제비에게 덤벼들었지요.

"족제비 너 이놈! 이게 무슨 짓이야? 내가 어떻게 키운 배추들인 줄 알아?"

"난 살짝 건드리기만 했다고. 나뭇조각이 튀어 나갈지 누가 알았겠어?"

족제비는 황소의 발굽을 재빠르게 피하며 소리쳤어요. 옆에 있던 표범이 황소를 말리며 말했어요.

"이럴 때 힘으로 해결하려고 하면 안 된다네. 마음을 가라앉히고 퐁퐁이 판사님을 찾아가서 사건을 맡겨야 해. 판사님이라면 현명하게 판결해 주실 거야."

표범이 낮은 목소리로 침착하게 말리자 황소도 흥분을 가라앉히며 말했어요.

"그래. 아무리 화가 나도 힘으로 하면 안 되지. 그럼 힘센 놈이 항상 이길 테니까 말이야."

황소는 너구리 판사 퐁퐁이를 찾아가기로 했어요.

## 판결 이유를 말해 줘!

풍풍이 판사님! 재판을 시작할 때, 표범이 족제비와 황소의 평소 성격에 대해서 말하려고 했잖아요. 그런데 판사님은 왜 그 말을 못 하게 막았나요?

판사가 어떤 사건을 공정하게 판결하려면 재판에 참여한 동물들에 대한 편견을 버려야 하기 때문이죠. '편견'이란 한쪽으로 치우친 생각을 뜻해요. 어느 한쪽에게 불리하거나 유리한 정보를 알고 있다면 공정하지 못한 판결을 내릴 수도 있답니다. 그래서 재판에서는 사건과 관계없는 정보를 판사에게 알려 주지 않아야 합니다.

게다가 황소의 성격은 황소의 경운기가 미끄러진 것과 아무런 관련이 없습니다. 황소의 성격이 좋다고 해서 경운기 브레이크의 성능이 좋을 리 없고, 황소의 성격이 나쁘다고 해서 브레이크의 성능이 나쁠 리 없죠. 족제비의 성격도 마찬가지입니다. 그러므로 이 사건에서 제가 알아야 할 중요한 정보는 황소와 족제비의 성격이 아닙니다. 브레이크가 완벽하게 걸려 있을 때도 경운기가 미끄러지는지, 또는 족제비가 아닌 다른 동물이 발길질을 했을 때도 경운기가 미끄러지는지를 알면 되죠.

가령 어느 교실에서 물건이 없어졌다고 해 봅시다. 예전에 물건을 훔친 적이 있는 친구가 있다면, 일단 그 친구를 먼저 의심할 가능성이 높습니다. 예전에 저지른 잘못 때문에 자신이 하지 않은 일까지 덮어쓰게 되면 무척 억울하겠죠. 이처럼 누군가에 대해 미리 가지고 있는 생각은 사건을 공정하게 해결하는 데 걸림돌이 됩니다.

모든 사건에는 원인과 결과가 있다고 했잖아요. 그렇다면 족제비가 경운기 뒷바퀴를 발로 차서 나뭇조각이 날아간 것이 사고의 원인이지 않나요?

네, 모든 사건에는 원인과 결과가 있지요. 어떤 행동이 그 후에 생긴 결과의 원인이 되었다면, 그 행동과 결과 사이에는 '인과 관계'가 있다고 합니다. 그런데 어떤 결과가 일어나기 전에 발생한 행동이라고 해서 무조건 원인이 되는 것은 아닙니다. 그 행동이 없었다면 뒤이어 나타난 결과가 일어나지 않을 때에만 인과 관계가 성립되지요.

어떤 사고가 발생했을 때는 그 책임을 묻기 위해 사고의 원인이 무엇인지 제대로 파악해야 합니다. 다만 여기서 조심해야 할 점이 있습니다. 대부분의 결과는 한 가지 원인만으로 일어나지 않는다는 거죠. 그보다는 여러 원인이 겹쳐서 생기는 경우가 많습니다.

다음 이야기를 보면서 문어의 다리가 다친 원인은 무엇인지 함께 생각해 볼까요?

문어의 다리는 누구 때문에 잘렸을까요? 치료하다 실수한 의사 선생님 때문일까요? 하지만 택시 기사님이 신호를 위반하지 않았다면 사고도 안 났을 테죠. 그러니 택시 기사님도 문어의 다리가 잘린 데 책임이 있는 것 아닐까요? 그런데 문어가 택시를 타게 된 것은 곰의 다리에 걸려 넘어졌기 때문이고, 곰의 다리에 걸리게 된 것은 여우가 문어를 밀었기 때문이죠. 나아가 여우가 문어를 밀게 된 것은 문어가 숨바꼭질 놀이를 하자고 했기 때문이고요. 그렇다면 다리가 잘린 것은 문어 자신의 책임일까요? 아무리 생각해도 이상하죠?

어떤 결과에 대한 원인을 판단하기 위해서는 여러 가지 원인들 중에서 '결과에 가장 직접적이고 중요한 역할을 한 원인'을 찾아야 합니다. 그렇다면 문어의 다리가 잘리게 만든 가장 직접적이고 중요한 원인은 무엇일까요? 바로 의사 선생님의 실수입니다. 나머지 동물들의 행동은 의사 선생님의 실수에 비하면 중요하지 않아요. 일상적으로 일어날 수 있는 우연에 불과하죠. 비슷한 이유로 족제비가 황소의 경운기 뒷바퀴를 찬 것도 경운기가 미끄러지게 된 사고의 직접적이고 중요한 원인이라고 볼 수 없습니다.

　　　　저는 족제비의 발길질이 경운기가 미끄러지게 된 직접적이고 중요한 원인이라고 생각합니다. 판사님이 직접적이고 중요한 원인과 그렇지 않은 원인을 나누는 기준은 뭔가요? 설마 판사님의 기분이 내키는 대로 결정하는 것은 아니겠죠?

　　　　당연히 아니죠. 재판은 언제나 명확한 기준에 따라서 해야 합니다. 예를 들어 설명해 볼까요? 자, 나무로 된 건물이 한 채 있다고 상상해 봅시다. 그런데 이 건물은 튼튼한 나무가 아니라 썩은 나무로 지은 건물이었습니다. 따라서 조금만 바람이 세게 불거나, 축구공이 날아와 부딪힐 정도의 작은 충격만 받아도 무너질 지경이었습니다.

　　그런데 마침 그 주변을 지나가던 오소리가 축구공을 들고 가다가 별 생각 없이 건물의 벽에 공을 튕겼습니다. 그랬더니 나무로 된 건물이 순식간에 와르르 무너져 내렸어요. 그렇다면 오소리 때문에 건물이 무너진 걸까요? 건물이 무너진 데 대한 책임을 오소리가 져야 하는 걸까요?

　그 건물은 썩은 나무로 지어졌기 때문에 가벼운 충격으로도 언제든지 무너질 수 있는 상태였습니다. 시간이 흐르면 저절로 무너질 수도 있었겠죠. 즉, 건물이 무너지게 된 직접적이고 중요한 원인은 애초부터 건물을 약하게 지은 부실 공사인 것입니다. 만일 아주 튼튼한 나무로 건물을 지었다면 바람이 불든지 오소리가 축구공을 차든지 간에 무너지지 않았을 테니까요.

이번 경운기 사건도 마찬가지입니다. 황소가 경운기에 브레이크를 확실히 걸어 놓았다면, 족제비가 경운기 바퀴를 아무리 세게 차도 경운기가 미끄러지지 않았을 거예요. 또 만약 족제비가 바퀴를 차지 않았다면 황소의 경운기가 절대 미끄러지지 않았을까요? 그렇지 않죠. 어린아이들이 공놀이를 하다가 바퀴에 공이 부딪쳐 경운기가 미끄러졌을 수도 있고, 배추를 실은 경운기 자체의 무게 때문에 저절로 미끄러졌을 수도 있어요. 이 모든 경우가 황소가 브레이크를 단단히 걸어 놓았다면 결코 일어나지 않을 일이죠.

따라서 황소의 경운기가 미끄러진 사건의 가장 직접적이고 중요한 원인은 족제비의 발길질이 아니라 황소가 브레이크를 제대로 걸어 놓지 않았기 때문입니다. 그러므로 족제비는 이 사건에 책임이 없습니다.

**퐁퐁이 판사의 법 원칙 1**
어떤 결과에 대한 원인을 판단하기 위해서는 '결과에 가장 직접적이고 중요한 역할을 한 원인'을 찾아야 한다!

 뒷이야기

경운기 사건은 족제비의 승리로 끝났어요. 증인으로 나섰던 표범을 비롯해 재판을 지켜본 행복 마을의 주민들은 모두 황소에게 다가와 위로했어요.

"이보게, 황소, 너무 걱정하지 말게. 자네 성실한 거야 일 년 내내 잠만 자는 나무늘보도 다 아는 일이지. 다시 열심히 배추 농사만 짓게. 배추가 자라는 족족 다 사 줄 테니까."

"맞아요. 모두들 황소 아저씨의 배추가 빨리 나오기만 기다릴 거예요. 다시 용기를 내서 농사를 시작하세요."

동물들이 하나같이 황소를 위로해 주었어요. 황소도 재판에서 진 아픔을 잊고 힘을 내기로 마음을 먹었어요.

"고맙습니다. 말만 들어도 힘이 불끈불끈 솟는군요. 모두가 내 배추를 기다려 준다고 하니 지금 당장 달려가서 배추밭을 갈고 싶네요, 아하하!"

행복 마을의 주민들은 기다렸다는 듯 환호성을 지르며 황소를 둘러싸고 박수를 쳤어요.

족제비는 그 모습을 멀리서 바라보았어요. 보아하니 가뜩이

나 인기가 없던 족제비는 이번 일로 단단히 미운털이 박힌 것 같았어요. 재판에서는 이겼지만 족제비의 앞날은 어두웠지요.

그때 고개 숙인 족제비의 눈앞에 통통한 배가 볼록 나타났어요. 놀란 족제비가 고개를 들어 바라보니, 재판에서 자신의 손을 들어 준 너구리 판사 퐁퐁이였어요.

"여기서 뭘 하고 있습니까? 황소에게 가서 사과를 해야죠."

"네? 제가 재판에서 이겼는데, 왜 황소에게 사과를 해야 하죠?"

족제비는 이해가 안 된다는 듯 퐁퐁이를 바라보았어요.

"우리가 살아가는 데에는 법도 필요하지만 그만큼이나 도덕이라는 것도 필요하답니다. 당신이 한 일은 법으로는 처벌할 수 없어요. 그렇다고 해서 도덕적으로 잘한 일이라고 할 수 있나요? 잘못한 일이 있으면 자신의 잘못을 깨끗이 인정하고 제대로 사과해야겠죠."

퐁퐁이의 말을 들은 족제비는 한참을 고민하다 마침내 황소에게 사과하기로 마음먹었어요.

"이보게, 황소! 내가 미안해. 순간적으로 심술이 나서 그러긴 했지만 절대 너한테 피해를 줄 생각은 없었어. 끓는 물처럼 항상 부글거리는 내 성격이 문제야, 문제. 이제부터라도 고치도록 노력할 테니 네가 날 용서해 주면 좋겠어."

족제비는 진심을 다해 황소에게 사과했어요. 황소는 가만히 다 듣더니 조그맣게 미소를 지었지요.

"이렇게 사과를 받으니 더 이상 화도 내지 못하겠는걸. 나도 가파른 곳에 경운기를 세워 뒀으니 잘한 건 없지, 뭘. 그건 그렇고 너희 집 배추가 잘 안 팔리는 게 항상 신경 쓰였는데 이번 기회에 나한테 배추 기르는 법을 배워 보는 건 어때?"

족제비는 생각지도 않았던 이야기에 신이 나서 황소의 두 발을 덥석 잡았어요.

"정말이야? 나야 가르쳐만 준다면 발바닥에 땀 나도록 열심히 배울 수 있어. 이렇게 좋은 일이 생길 줄 알았다면 진작 경운기를 발로 찰걸 그랬나?"

행복 마을에는 다양한 동물들이 살아가고 있답니다. 동물들의 직업도 천차만별이에요. 배추 농사를 짓는 황소와 족제비를 비롯해서 행복 마을을 가로지르는 도로를 만드는 코뿔소, 마을의 쓰레기를 깨끗하게 청소하는 하이에나, 마을 주민들의 편지를 배달하는 비둘기까지 저마다 마을에 꼭 필요한 일들을 하고 있지요.

이렇게 열심히 일하는 행복 마을 주민들은 주말이나 공휴일이 되면, 그동안 쌓인 피로를 풀기 위해 마을 한쪽에 마련된 공연장을 찾는답니다. 그곳에는 수백 개의 나뭇가지가 부채처럼 넓게 퍼진 은행나무 아래 둥근 무대가 놓여 있어요. 밤이 되면 은색 별빛이 나뭇잎 사이를 뚫고 들어와 무대 위로 쏟아지지요. 이곳에서는 주말마다 마당놀이, 연극, 노래 공연 들이 펼쳐져 동물들을 즐겁게 해 준답니다. 뭐니 뭐니 해도 가장 인기가 많은 것은 종달새와 부엉이가 펼치는 합창이에요.

"아, 은은한 별빛 아래에서 저 둘이 함께 노래하는 모습은 너무나 아름다워요!"

"그러게 말이에요. 저 노래를 듣고 있으면 일주일 동안 쌓였던 피로가 스르륵 녹는다니까요."

높은 음을 담당하는 종달새와 낮은 음을 담당하는 부엉이의 목소리가 조화를 이루며 내는 화음은 무척 아름다웠어요. 동물들은 이 둘의 노래를 들으면 행복한 기분에 빠졌어요. 종달새와 부엉이는 둘의 화음처럼 사이도 좋았어요. 행복 마을 동물들은 이 둘의 노래가 언제까지나 변하지 않을 거라고 믿었지요.

하지만 영원할 것만 같던 둘의 우정은 한 개의 소포가 배달된 뒤부터 삐걱대기 시작했어요. 소포 상자 안에는 아주 싱그럽고 먹음직스러운 오렌지가 들어 있었죠. 문제는 오렌지가 아니라 오렌지와 함께 온 편지였어요. 단 한 문장이 적힌 편지였지요.

**목소리가 더 예쁜 분에게**
**이 오렌지를 드립니다.**

"종달새야! 이거 너무 웃긴다. 목소리가 더 예쁜 분에게 드린다니."

"그러게 말이야. 이 오렌지를 누가 먹을지 고민하느라 평생 노래도 못 부르겠어."

"맞아, 누가 먹을지 결정하기 전에 오렌지가 먼저 썩겠다."

편지를 본 종달새와 부엉이는 처음에는 농담을 하며 웃었지요. 그도 그럴 것이 여태까지 둘은 어떻게 하면 좋은 화음을 낼지만 생각했지, 누구 목소리가 더 예쁜지를 생각해 본 적은 없었거든요. 하지만 그 편지를 본 뒤 둘은 서로 자신의 목소리가 더 예쁜 것이 아닌가 하는 생각이 들기 시작했어요.

'부엉이보다는 내 목소리가 더 예쁜 것 같은데 말이야. 나의 화려하고 맑은 고음은 누가 뭐래도 최고라고.'

'종달새보다야 내가 한 수 위지. 나의 부드럽고 달콤한 저음은 듣는 이의 마음을 포근하게 감싸 안는걸.'

생각을 마친 종달새와 부엉이는 마치 약속이나 한 듯이 오렌지가 담긴 상자에 날개를 뻗었어요. 둘의 날개가 오렌지 위에서 부딪혔어요. 그와 동시에 종달새와 부엉이는 서로를 흘겨보며 다투기 시작했어요.

"어머, 부엉이! 너 그렇게 안 봤는데, 설마 네 목소리가 더 예쁘다고 생각하는 것은 아니겠지? 네 저음은 내 목소리를 돋보이게 하는 배경에 불과해."

부엉이도 지지 않고 대답했어요.

"너야말로 그렇게 생각하는 거야? 어처구니가 없다. 부드럽게 감싸 주는 내 저음이 없으면 네 목소리는 시끄러운 비명 소리일 뿐이야."

사소한 말싸움으로 시작한 둘의 다툼이 점점 커졌어요. 종달새와 부엉이는 큰 소리를 지르며 싸우기 시작했고, 반주를 하는 동물들마저 서로 패를 갈라 싸웠어요.

"누가 뭐라 해도 우리 종달새 목소리가 더 예뻐!"

"무슨 소리야? 주둥이만 뾰죽하게 튀어나온 여우야, 바이올린도 제대로 연주 못하면서 귀까지 고장이 난 거야? 누가 들어도 부엉이의 목소리가 훨씬 좋다고!"

"뭐? 이 엉덩이만 빨간 원숭이 녀석이 뭐라고 하는 거야."

동물들은 목소리와 상관없는 이야기까지 하며 상대방을 공격했어요.

"아니, 이렇게 싸우면 앞으로 공연은 어떻게 합니까? 그만들 해요!"

음악단장이자 나이가 가장 많은 늑대는 누구의 편도 들 수 없어 안절부절못했지요. 평온하던 음악단은 오렌지 하나로 엉망진창이 됐고, 종달새와 부엉이는 더 이상 같은 무대에 서지 않기로 했어요.

하지만 솔로로 나선 종달새와 부엉이의 공연은 행복 마을 주민들의 관심을 끌지 못했어요. 둘의 인기는 점점 떨어지기 시작했죠. 주민들은 종달새와 부엉이의 공연을 더 이상 찾지 않았고, 결국 둘은 은행나무 무대에 서지 못하게 되었답니다.

공연도 못 하고 매일 집에만 있던 종달새는 어느 날 아침, 자기 집 문에 낙서가 쓰인 것을 발견했습니다.

### 지구에서 가장 듣기 싫은 목소리가 사는 집

"이게 뭐야! 누가 이런 낙서를 한 거야? 이 독특한 글씨체는 부엉이 같은데……. 부엉이 이 녀석, 이런 못된 짓을 하다니 용서하지 않겠어."

화가 머리끝까지 난 종달새는 부엉이의 집으로 갔습니다.

"야, 부엉이! 얼른 문 열고 나와. 난 네가 지난밤에 한 짓을 알고 있다! 이 문 부수고 들어가기 전에 어서 나와서 사과해."

부엉이의 집에 도착한 종달새는 문을 두드리며 소리쳤지만 집에는 아무도 없는지 조용했어요.

"나한테 못된 짓을 해 놓고 자기 혼자 어디 놀러 간 모양이지? 내가 그냥 갈 줄 알아?"

종달새는 마침 길바닥에 놓여 있던 돌멩이를 들어 부엉이의 방 창문을 향해 던졌어요. 휙 날아간 돌멩이는 쨍그랑 소리를 내며 유리창을 깨뜨렸지요.

'흥! 네가 한 짓에 비하면 이 정도는 양반이야. 난 적어도 말도 안 되는 거짓말을 하지는 않았잖아.'

종달새는 자신의 행동이 잘못된 일인 줄은 알았지만 이렇게라도 분풀이를 하고 싶었어요. 부엉이에 대한 복수로 말이죠. 종달새는 깨진 유리창을 보고 집으로 돌아갔어요.

하지만 이게 웬일일까요? 놀랍게도 종달새가 던진 돌은 부엉이의 목숨을 구하게 되었답니다. 종달새가 부엉이네 집에 왔을 때, 부엉이는 정신을 잃고 침대에 쓰러져 있었어요. 난로에서 새어 나온 연기를 잔뜩 마셨기 때문이죠. 그래서 종달새가 아무리 문을 두드려도 나갈 수 없었던 거예요. 그때 마침 종달새가 던진 돌이 부엉이의 방 유리창을 깨뜨렸고, 그 덕분에 방 안에 가득 찬 연기가 방 밖으로 빠져나가 부엉이가 목숨을 구할 수 있었죠.

 정신을 차린 부엉이는 어떻게 된 상황인지 깨달았어요. 부엉이는 깨진 유리창에 대해 종달새에게 책임을 물을 것인지 아니면 용서할 것인지 고민하기 시작했어요.

 '종달새 덕분에 목숨을 구하긴 했지만 종달새가 나를 구하려고 돌을 던진 건 아니잖아? 오히려 나를 괴롭히려고 했지.'

 생각하면 할수록 부엉이는 종달새가 괘씸했어요. 또 동물들의 사랑을 받으며 잘나가던 음악단을 망친 것도 종달새라는 생각이 들었어요. 부엉이는 종달새에게 책임을 묻기로 하고 퐁퐁이 판사를 찾아갔어요.

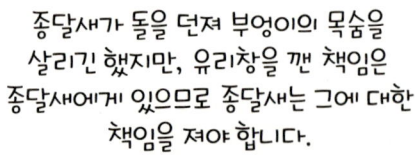

 ## 판결 이유를 말해 줘!

**풍풍이 판사님! 오늘 재판 중에 '나쁜 생각에 좋은 결과'라는 말이 나왔는데요. 무슨 뜻인가요? 자세히 설명해 주세요.**

누군가의 행동을 법적으로 잘못된 행동이라고 하려면 다음 두 조건을 만족해야 합니다. 첫째, 자신의 행동이 어떤 결과를 불러올 것인지 알고 저지른 일이어야 합니다. 즉, 나쁜 생각을 가지고 의도적으로 저지른 일이어야 한다는 거죠. 둘째, 그 행동으로 인해 나쁜 결과가 실제로 발생해야 합니다. 따라서 누군가가 '나쁜 생각'을 가지고 저지른 일이 '나쁜 결과'를 불러온 경우에만 잘못된 행동의 책임을 물을 수 있죠.

잘 모르겠다고요? 그럼 예를 들어 보죠. 어느 날 비가 갑자기 쏟아져 내렸습니다. 우산을 가져오지 않은 늑대는 교실에 있는 남의 우산을 가져가야겠다고 생각하고, 실제로 남의 우산을 가져갔습니다. 이 경우 늑대의 행동은 잘못된 행동입니다. 나쁜 생각을 했고, 그로 인해 나쁜 결과가 생겼으니까요.

하지만 세상일이 늘 이렇게 간단하지만은 않죠. 교실에 있던 우산이 자기 우산인 줄 알고 가져갔는데, 집에 와서 보니 남의 우산일 수도 있잖아요? 이 경우는 나쁜 생각을 하지 않았지만 나쁜 결과를 가져오게 된 행동입니다. 이를 어려운 말로 '과실'이라고 하죠.

반대로 나쁜 생각을 갖고 행동했지만 나쁜 결과가 생기지 않는 경우도 있습니다. 비가 오자 우산이 없는 늑대는 '남의 우산이라도 쓰고 가자.' 생각하고 우산을 훔쳐 왔어요. 그런데 알고 보니 그 우산은 몇 달 전에 잃어버린 자기 우산이었던 거죠. 이러한 행동을 어려운 말로 '미수'라고 하고요.

과실과 미수는 완벽하게 잘못된 행동이라고 하기에는 뭔가 하나씩 부족합니다. 과실은 '나쁜 생각'이 없는 행동이고, 미수는 '나쁜 결과'가 없는 행동이죠. 그러므로 과실이나 미수에 해당하는 행동은 특별한 경우를 제외하고는 그 행동에 책임을 묻지 않는 것이 원칙입니다. 혹시 책임을 묻는다 하더라도, 나쁜 생각을 가지고 나쁜 결과를 가져온 행동에 비해 가벼운 책임을 물어요.

과실이나 미수에 대해서는 특별한 경우를 제외하고는 책임을 묻지 않는다고 하셨는데요. 그럼 특별한 경우란 무엇을 말하나요?

법에서는 원칙적으로 미수나 과실로 인한 행동은 잘못된 행동으로 생각하지 않습니다. 다만 과실로 인한 결과가 그냥 넘어가기에는 너무 큰 경우에는 책임을 묻습니다. 예를 들어 누군가의 실수로 불이 나서 많은 사람이 크게 다쳤다고 해 봅시다. 이럴 경우에는 아무리 실수라 하더라도 그에 대한 책임을 져야겠죠.

미수인데 책임을 묻는 경우도 있습니다. 누군가가 은행을 털려다가 경찰에 잡혀 결국 돈을 훔치지 못했습니다. 비록 나쁜 결과가 발생하지는 않았지만 은행털이처럼 큰 잘못을 시도한 것을 그냥 넘어갈 수는 없으므로 그에 따른 벌을 받아야겠죠.

종달새는 나쁜 생각으로 돌을 던졌지만 결과적으로 부엉이의 목숨을 구했잖아요. 그러니 책임을 묻지 않거나, 가벼운 책임을 물어야 하는 것 아닌가요?

그렇지 않아요. 유리창 사건을 다시 한 번 따져 볼까요? 종달새는 부엉이네 유리창을 깨뜨리겠다는 나쁜 생각을 가지고 돌을 던졌고, 그 돌로 인해 유리창이 깨졌습니다. 즉, 나쁜 생각으로 인해 나쁜 결과가 발생했으니 종달새가 당연히 책임을 져야 하죠.

유리창이 깨져 부엉이가 목숨을 구한 것은 사실입니다. 하지만 이 결과는 종달새가 전혀 예상하지 못한 것이었어요. 따라서 이 부분까지 종달새의 행동과 연관시켜 생각해서는 안 돼요. 종달새 덕분에 부엉이가 목숨을 구했다고 인정하기 시작하면, 유리창이 깨져서 일어나는 모든 일의 책임이 종달새에게 돌아갑니다.

예를 들어 생각해 볼까요? 누군가가 부엉이네 집의 깨진 유리창을 수리하다 떨어져 다쳤습니다. 그럼 이 사고도 유리창을 깬 종달새 탓일까요? 그렇게 볼 수는 없겠죠. 종달새가 의도하지 않은 일까지 책임을 져야 한다면 종달새 입장에서는 억울한 일입니다. 우리는 종달새가 의도한 결과에 대해서만 종달새에게 책임을 물을 수 있어요.

종달새는 유리창을 깨뜨려야겠다는 나쁜 생각을 가졌고, 결국 유리창을 깨뜨렸습니다. 이 잘못된 행동에 대한 책임을 져야 하죠. 그 이후에 아무리 좋은 상황이 펼쳐져도 혹은 반대로 나쁜 상황이 펼쳐져도 앞서 저지른 행동을 판단하는 기준으로 삼을 수는 없습니다.

**퐁퐁이 판사의 법 원칙 2**
'나쁜 생각'을 가지고 저지른 일이 '나쁜 결과'를 불러온 경우에만 잘못된 행동의 책임을 물을 수 있다.

 **뒷이야기**

깨진 유리창 사건에 대한 재판이 끝나고 퐁퐁이 판사는 종달새에게 한 달 동안 봉사하라는 명령을 내렸답니다. 어떤 봉사냐 하면 나이가 들었거나 움직임이 불편한 주민들을 위해 무료로 공연을 해 주는 일이었어요.

첫 번째 공연 장소로 결정된 곳은 나이 많은 동물들이 모여 있는 행복 마을 양로원이었어요. 이곳은 은행나무 무대가 있는 공연장으로부터 멀리 떨어져 있어서 양로원의 동물들은 평소에 좋은 공연을 보기가 어려웠지요. 봉사 활동을 하려고 양로원에 도착한 종달새는 주변을 둘러본 후 한숨을 푹푹 내쉬었어요.

"에구머니, 이게 뭐야. 나더러 이렇게 초라한 곳에서 노래하란 말이야? 무대라고 할 만한 곳도 없잖아, 휴!"

이제까지 종달새는 화려한 조명과 훌륭한 연주자들이 있는 은행나무 무대에서만 공연을 해 왔습니다. 하지만 이곳 양로원에는 휑뎅그렁하게 텅 빈 무대밖에 없었어요. 게다가 관객은 귀가 잘 들리지 않는 늙은 동물들이 전부였지요. 무대에 실망한 종달새는 흘러간 노래나 대충 몇 곡 부르고 가야겠다고 생각했어요.

　마침내 녹음된 반주가 무대 위로 흐르자 종달새는 흘러간 옛 노래를 부르기 시작했어요. 부엉이와 함께 노래하던 시절보다는 못하지만 종달새의 높은 목소리는 여전히 아름다웠답니다. 그런데 노래를 부르면 부를수록 종달새는 예전에 부엉이와 함께 무대에 섰던 기억이 떠올랐어요. 그때는 어떤 곡을 부르더라도 관객들의 반응이 뜨거웠지요. 지금하고는 비교도 할 수 없을 만큼요.

　종달새는 갑자기 다시 한 번 부엉이와 함께 노래 부르고 싶다는 생각이 간절히 들었어요. 이제 와서 보니 누구 목소리가 더 예쁜지 따졌던 일은 다 부질없게 느껴졌어요. 가장 예쁜 목소리는 종달새의 목소리도, 부엉이의 목소리도 아니었어요. 바로 종달새와 부엉이의 목소리가 조화롭게 어울리는 목소리였지요. 종달새는 눈시울이 뜨거워졌어요. 둘이 함께이던 그 시절로 돌아가고 싶다는 생각에 말이에요.

　그 순간, 익숙한 음악 소리가 종달새의 귀로 흘러들어 왔어요. 미리 녹음된 반주가 아니라 실제로 연주되는 악기 소리였어요. 깜짝 놀란 종달새는 소리가 흘러 나오는 곳으로 고개를 돌렸어

요. 음악단의 단장인 늑대와 부엉이가 함께 무대로 걸어오고 있었어요.

"관객 여러분! 오랫동안 기다리셨습니다. 지금부터 저희 음악단의 최고 인기 스타인 종달새와 부엉이의 합동 무대가 시작됩니다. 뜨거운 환영을 부탁드립니다."

관객석에서 환호성이 터져 나왔어요. 도대체 무슨 일인지 종달새가 어리둥절해하자, 부엉이가 종달새의 날개를 꼭 잡으며 한쪽 눈을 찡긋거렸어요. 공연을 시작하기 전에 부엉이가 늘 버릇처럼 하던 행동이었어요. 이 행동에는 둘만 아는 의미가 숨어 있었죠.

'나 믿지? 내가 너를 믿는 것처럼 말이야.'

노래가 끝나자 모든 관객이 자리에서 일어선 채 박수를 쳤어요. 종달새와 부엉이는 서로의 날개를 꼭 잡고 관객을 향해 인사를 했지요. 무대 인사가 끝나고 대기실로 함께 퇴장한 종달새와 부엉이는 누가 먼저랄 것도 없이 동시에 입을 열었어요.

"미안해!"

사회를 이루고 모여 사는 곳은 다 비슷한 걸까요? 요즘 행복 마을에서는 대학교 입학을 준비하는 학생들은 물론이고 그 부모들까지 밤잠을 설치고 있어요. 그도 그럴 것이 중요한 시험이 얼마 남지 않았거든요.

행복 마을의 교육 제도는 초등학교와 중등학교 그리고 대학교로 나뉘어 있어요. 초등학교에서 중등학교까지는 의무 교육이기 때문에 입학 시험을 볼 필요가 없답니다. 자라면서 기본적으로 받아야 할 여러 가지 교육을 누구나 공평하게 받는 거지요. 하지만 중등학교에서 대학교로 진학할 때에는 달라요. 자기의 적성이 무엇인지 찾아 직업을 구하는 동물들과 대학교에 들어가서 공부를 더 할 동물들로 나뉘어요. 그리고 대학교에 진학할 때는 초등학교에서 중등학교로 갈 때와 달리 깊이 있는 공부를 할 준비가 됐는지 그 실력을 가리기 위해 '대학수학능력시험'이라는 시험을 치르게 돼요.

그렇기 때문에 대학교에 진학하려는 학생들과 그 부모들은 매년 11월만 되면 손에 땀을 쥐며 긴장하지요. 그런데 대학수학능력시험이 있던 날, 행복 마을을 발칵 뒤집어 놓은 사건이 일어나고 말았어요.

머리에 멋진 뿔이 달린 사슴은 행복 고등학교의 학생회장이에요. 사슴은 공부를 잘할 뿐 아니라 학교 청소, 사회 봉사 등 모든 생활을 성실히 하는 모범생이랍니다.

"와, 사슴이 지나간다. 저 다리 좀 봐! 100미터도 저 긴 다리로 몇 번만 뛰어가면 금방일 거야."

"위로 뻗은 저 뿔은 어떻고. 오동통한 네가 타고 매달려도 끄떡없을 만큼 단단해 보이잖아."

"야! 내가 어딜 봐서 오동통해. 내가 조금 불어 보이는 건 어젯밤에 라면을 먹고 자서 그런 거라고. 아, 어쨌든 사슴이랑 같은 반인 애들은 좋겠다."

그렇습니다. 사슴은 선생님들뿐 아니라 친구들에게도 인기 만점이었어요. 누구에게나 친절해서 모두가 사슴의 친구가 되고 싶어 했지요. 정말이지 사슴은 못하는 게 없어 보였기 때문에 모두들 사슴을 부러워했답니다. 아무도 사슴의 미래에 대해 걱정하지 않았지요. 부모님까지도 말이에요.

하지만 그런 사슴에게도 남모를 고민이 있었어요. 사실은 사슴의 성적이 뚜렷한 이유 없이 조금씩 떨어지고 있었거든요.

'어젯밤에도 새벽까지 예습을 했는데 선생님이 무슨 말을 하

는지 잘 모르겠어. 오늘은 밤을 꼬박 새서라도 다 이해해야지.'

공부를 열심히 하지 않는 것도 아닌데, 사슴은 어느 순간부터 수업 내용이 잘 이해되지 않았고, 알고 있던 내용들도 자꾸 잊어버렸어요. 사슴은 걱정이 되어 상담 선생님을 찾아갔어요.

"선생님 저 어떡하면 좋죠?"

"사슴아! 너 같은 애가 그런 소리 하면 다른 애들은 어쩌라고 그러니. 지금 네 성적을 보면 원하는 학교에 충분히 들어갈 수 있으니까 너무 걱정하지 마. 중요한 시험이 다가와서 스트레스를 받은 것 같으니 마음을 편히 먹으면 괜찮을 거야."

상담 선생님의 말도 소용이 없었어요.

드디어 시험이 일주일 앞으로 다가왔어요. 텔레비전 뉴스에서는 행복 마을 대학수학능력시험의 출제 위원장인 올빼미가 시험에 대한 설명을 하고 있었어요.

"어험, 올해에는 다른 때보다 문제를 어렵게 냈습니다. 시험지는 지금 공장에서 인쇄하고 있고요. 철저히 감시하고 있기 때문에 시험지가 유출될 일은 절대 없을 겁니다."

사슴의 친구들은 뉴스를 보면서 한숨을 푹 내쉬었어요.

"와, 이번 시험은 어렵다는데 저 시험지 한 장만 구할 수 있으면 소원이 없겠다."

"그러게 말이야. 하늘에서 갑자기 뚝 떨어지지 않으려나?"

친구들의 이야기를 듣던 사슴이 대화에 끼어들었어요.

"혹시라도 시험지를 줍게 되면 시험 본부에 신고해야지."

"어휴, 누가 학생회장 아니랄까 봐. 너처럼 공부 잘하는 애는 우리 마음 모를 거다."

"그래! 맞아. 우리가 오죽하면 이런 상상을 하겠니?"

사슴이 너무 모범적인 이야기를 하자 친구들이 핀잔을 주었어요. 하지만 사슴은 못 들은 척했어요. 교실이 시끌시끌해지자 사슴은 공부나 하자며 아이들을 조용히 시켰어요.

학교 수업이 끝나고 사슴은 조금이라도 더 공부를 하려고 도서관으로 발길을 돌렸어요. 하지만 공부하는 내내 사슴의 머릿속은 일주일 앞으로 다가온 대학수학능력시험에 대한 걱정으로 가득 차 있었지요.

그렇게 책상 앞에 앉아 고민만 하던 며칠이 지나고 마침내 시험이 다가왔어요. 시험 전날에도 걱정 때문에 잠을 편히 이루지 못한 사슴은 아침 일찍 일어나 학교로 향했어요. 아직 해가 뜨지 않아 어둑어둑한 학교 운동장에는 사슴 빼고는 아무도 없었지요. 교실로 가던 사슴은 운동장에 하얀 종이가 굴러다니는 것을 발견했어요.

"누가 운동장에 이런 걸 버리는 거야? 내가 시험 걱정하느라 학교에 신경을 못 썼더니 바로 티가 나는구나."

정말 못 말리지요? 평소에도 사슴은 학교에 버려진 조그만 병뚜껑 하나도 그냥 두지 못했어요. 주워서 쓰레기통에 버려야 속이 시원했지요. 사슴은 종이를 주워서 쓰레기통에 버리려고 하얀 종이 쪽으로 다가갔어요. 그런데 이게 웬일일까요! 사슴이 주운 것은 놀랍게도 쓰레기가 아니라 오늘 치를 시험의 문제지였던 거예요.

사슴은 시험지를 손에 든 채 이게 꿈인가 생시인가 싶어 멀뚱멀뚱 서 있었어요. 그리고 손에 든 종이가 진짜 대학수학능력시험지라는 것을 확인한 순간, 깊은 고민에 빠졌어요.

'시험 본부에 가져다줘야겠지? 아니야, 어차피 아무도 모를 테니 답만 슬쩍 확인해 볼까?'

한참을 고민하던 사슴은 시험지의 답을 외운 후에 시험을 치기로 결심했어요. 결국 사슴은 어렵기로 소문난 그해의 시험에서 만점을 받았죠. 하지만 세상에 영원한 비밀은 없다고 하던가

요. 곧 잃어버린 시험지가 있다는 사실이 밝혀졌어요. 사슴이 시험지를 주웠음에도 불구하고 신고하지 않고 답을 외워 시험을 본 것도 드러났지요. 이런 사실이 알려지자 대학수학능력시험을 관리하는 책임자인 올빼미는 사슴을 처벌해 달라며 퐁퐁이 판사를 찾아왔답니다.

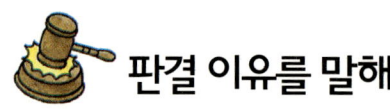
## 판결 이유를 말해 줘!

노루

판사님, 제 친구 사슴을 벌주시지 않아서 고맙습니다. 그런데 '잘못된 행동은 맞는데 책임을 물을 수 없다.'는 말이 무슨 뜻이에요? 나쁜 생각을 가지고 어떤 행동을 해서 나쁜 결과가 나오면 책임을 져야 하는 게 아닌가요? 사슴은 나쁜 생각을 가지고 잘못된 행동을 했는데도 아무런 책임이 없다니요? 혹시 사슴이 불쌍해서 봐주신 건가요?

풍풍이

'잘못된 행동이긴 하지만 책임을 묻지 않는다'는 말은 다음 상황을 떠올려 보면 쉽게 이해될 거예요. 누군가가 방을 온통 어질러 놓고 청소를 전혀 하지 않은 채로 내버려 두었다고 생각해 볼까요?

만약 그 누군가가 중학생이나 고등학생이라면 부모님에게 혼이 나겠지요. 하지만 이제 막 걸음마를 시작한 두 살배기 아기라면요? 방을 어지럽히고 청소를 하지 않은 것은 잘못된 행동이지만 두 살짜리 아기에게 청소를 하지 않았다고 혼을 내는

부모는 없겠지요. 두 살짜리 아기가 스스로 방을 청소하는 건 불가능한 일이니까요.

　우리가 누군가의 잘못된 행동을 비판할 수 있으려면 그가 올바른 행동을 할 수 있는데도, 그렇게 하지 않고 잘못된 행동을 저지른 경우여야 해요. 만약 누군가가 도저히 올바른 행동을 할 수 없는 상황에 처해 있었는데도, 올바른 행동을 하지 않았다고 비판하는 것은 합리적이지 않죠. 불가능한 것을 기대하는 것이니까요.

　또 다른 예를 들어 볼까요? 가령 어떤 납치범이 아이들을 유

괴해 인질로 잡고 부모에게 연락을 해 왔다고 생각해 봅시다. 이 부모는 납치범이 아무리 나쁜 짓을 시키더라도, 시키는 대로 할 수밖에 없겠지요. 시키는 대로 하지 않으면 아이들에게 어떤 해코지를 할지 모르니까요.

또는 어떤 부모가 자신의 자녀가 범죄를 저질렀다는 것을 알게 되었습니다. 이 부모는 자기 자식을 경찰서에 신고할 수 있을까요? 아무래도 힘들겠지요. 법을 어기는 줄 알면서도 자녀를 도와줄 수밖에 없을 거예요. 이러한 경우 부모가 한 일은 잘못된 행동이지만 부모에게 그 행동에 대한 책임을 물을 수는 없습니다.

이처럼 살다 보면 잘못을 저지른 이에게 왜 그런 행동을 했느냐고 비난할 수 없는 상황이 있기 마련이에요. 이런 경우를 잘못은 있지만 책임은 없는 경우라고 하며, 어려운 말로 '면책 사유'에 해당한다고 합니다. '면책 사유'가 있으면 잘못에 대한 책임을 묻지 않습니다.

그리고 저는 이 사건에서 사슴 학생에게 면책 사유가 있다고 판단했습니다. 사슴 학생이 불쌍해서 제 맘대로 봐준 것이 결코 아니랍니다.

하지만 사슴이 시험지를 주웠을 때, 누구도 시험지를 반드시 가져가라고 강요하거나 협박하지 않았습니다. 또 사슴이 너무 어려서 무엇이 옳고 그른지를 모르는 것도 아니고요. 사슴도 자기 잘못을 인정하지 않았습니까? 따라서 사슴이 시험지를 돌려주지 않고 답을 외워 시험을 본 것에 대한 책임을 물을 수 없다는 판결은 잘 이해가 되지 않는데요?

만일 사슴처럼 시험을 앞둔 수험생이 아니라 시험과 관계없는 동물이 시험지를 주웠다면 판결이 달라졌을 거예요. 하지만 사슴은 대학수학능력시험을 앞둔 수험생이었습니다. 이 시험으로 인해 인생의 방향이 크게 바뀔 수도 있지요. 이런 수험생에게 그 시험지를 돌려주기를 기대하는 것은 어렵지 않을까요? 더구나 사슴이 그 시험지를 훔친 것도 아닌데 말이죠.

　이번 사건을 다시 한 번 잘 살펴보면, 사슴은 나쁜 마음을 먹고 시험지를 빼돌린 것이 아닙니다. 시험 본부에서 시험지를 제대로 관리하지 못한 탓에 사슴은 우연히 시험지를 가지게 되었죠. 그런데 시험을 반드시 잘 봐야 한다는 압박감을 느끼고 있던 사슴이 이 시험지를 보지 않고 돌려준다는 것은 상식적으로 불가능한 일입니다.

'고양이한테 생선을 맡기다.'라는 속담을 들어 봤나요? 고양이한테 생선을 맡기면 고양이가 생선을 먹을 것이 뻔한 일이라는 뜻이죠. 마찬가지로 시험 성적 때문에 엄청난 스트레스를 받는 학생이 우연히 주운 시험지를 보지 않고 고스란히 되돌려주기를 기대하는 것도 어렵다고 볼 수 있습니다.

이처럼 법은 우리에게 불가능한 일을 요구할 수 없답니다. 사슴 학생이 이 사건에 대해 책임을 지지 않아도 되는 이유가 충분히 설명되었나요?

**퐁퐁이 판사의 법 원칙 3**
올바른 행동을 할 수 없는 상황에 처한 이에게는 잘못된 행동에 대한 책임을 묻지 않는다.

 뒷이야기

　사슴에게 시험지 사건에 대해 책임이 없다는 판결이 내려지자, 사슴의 부모님과 친구들이 사슴에게 다가와 위로했어요.
　"그동안 고생 많았어. 솔직히 내가 시험지를 주웠어도 너처럼 행동했을 거야."
　"맞아, 맞아. 누구라도 그 상황이면 그랬을걸."
　친구들은 자기 일처럼 기뻐하며 사슴에게 따뜻한 말을 건넸어요. 사슴의 엄마도 사슴을 꼭 껴안아 주었어요. 하지만 정작 사슴의 얼굴은 바싹 굳어 있었답니다. 한참을 생각하던 사슴은 드디어 결심한 듯 입을 열었어요.
　"엄마, 저 이대로는 대학에 가지 않을 거예요."
　그 말을 들은 엄마는 입이 쩍 벌어져 다물어지지 않았어요. 너무 놀라 말까지 더듬거렸죠.
　"뭐, 뭐라고? 대학에 안 간다니? 그, 그게 무슨 소리야?"
　"이번 시험 결과는 제 실력으로 받은 성적이 아니잖아요. 아무리 죄가 없다 해도 그건 변하지 않는 사실인걸요. 게다가 저는 시험지를 돌려주지 않은 것을 지금도 후회하고 있어요."

"아, 아니, 아들! 엄마 말 좀 들어 봐. 살다 보면 더워서 흔든 꼬리에 파리도 잡고 모기도 잡고 그럴 수 있는 거야. 아, 아니지, 내가 지금 뭔 소리람. 그건 네 잘못이 아니라 시험지를 제대로 관리하지 못한 쪽의 잘못이야."

"아니에요. 만일 이대로 대학에 간다면 저는 평생 동안 죄책감에 시달릴지도 몰라요."

"항상 밝은 우리 아들이 왜 이렇게 그늘진 소리만 하는 거야. 그럼 어쩌겠다는 거니?"

사슴은 아무 말도 하지 않고, 출제 위원장인 올빼미에게 걸어갔어요.

"선생님, 전 이번 시험을 치를 자격이 없던 학생입니다. 제 성적을 취소해 주세요."

갑작스러운 말에 올빼미는 안 그래도 큰 눈을 더 크게 뜨고는 사슴을 쳐다봤어요.

"이보게, 이번 재판에서는 자네가 이겼어. 그러니 굳이 그러지 않아도 되네."

"아닙니다. 저는 이때까지 끊임없이 노력해 왔어요. 하지만 이렇게 대학에 들어가면 저의 그 모든 노력은 의미가 없어져 버려요. 게다가 저 때문에 아무 잘못 없이 피해를 본 학생도 분명히 있을 겁니다. 저는 1년을 더 공부한 뒤, 다음 시험에서 진정한 제 실력으로 대학에 진학하겠습니다."

사슴은 굳은 결심을 한 듯 다시 한 번 올빼미에게 자신의 성적을 취소해 달라고 말했어요. 올빼미도 그제야 사슴의 결심을 이해하고는 말을 이었죠.

"좋네. 이번 시험에서 자네 성적은 없는 것으로 하겠네. 하지만 자네가 내년 시험에서 반드시 좋은 성적을 거둘 거라고 믿네. 앞으로 열심히 하게나."

사슴은 마음속에 있는 짐을 벗어던졌다는 듯이 안도의 한숨을 내쉬었어요. 그때 사슴의 단짝인 노루가 헤벌쭉 웃으며 사슴에게 다가왔어요.

"내가 누구냐! 너의 하나밖에 없는 단짝 아니겠어? 이럴 줄 알고 나도 이번 시험 완전 망쳤어. 그러니까 나랑 다시 1년 동안 열심히 해 보자."

다람쥐와 청설모는 둘 다 복슬복슬한 꼬리를 가졌고, 얼굴 모양도 엇비슷합니다. 둘은 같은 학교에 다니는 친구지요. 집도 서로 이웃하고 있어 학교에서뿐만 아니라 동네에서도 날마다 함께 놀아요.

"야, 다람쥐! 오늘은 뭘 하고 놀아야 잘 놀았다고 소문이 나지?"

"글쎄, 고구마 먹고 독한 방귀 뀌기 시합만 아니면 나는 다 좋아. 어제 너한테 이기려고 엉덩이에 있는 대로 힘주다가 정말 큰일 날 뻔했다."

다람쥐와 청설모는 신나고 재미있는 것에 정신이 팔려 매일같이 새롭고 흥미로운 놀이를 찾아다녔어요. 어떤 날엔 시원한 계곡에 살고 있는 가재를 잡는다고 새벽부터 깊은 산속을 헤매기도 하고, 또 어떤 날에는 담력 시험을 한다며 한밤중에 공동묘지에 가기도 했죠. 둘은 그야말로 개구쟁이라는 말이 딱 어울렸어요.

하지만 잘 살펴보면 두 친구의 성격이 조금 달랐어요. 청설모가 모험을 좋아하고 활발하다면, 다람쥐는 신중하고 조금 겁이 많은 성격이었지요.

어느 더운 여름날이었어요. 다람쥐네 집에서 뒹굴뒹굴하던 둘은 여느 때처럼 뭘 하며 재미나게 놀지 궁리하고 있었지요.

"오늘 진짜 덥지 않냐?"

"그러게. 수도꼭지에서 물 받을 필요 없겠다. 나한테 흐르는 땀만 모아도 충분하겠어. 이럴 때 뭐 시원한 거라도 먹었으면 좋겠는데 말이야."

다람쥐가 땀을 흘리며 입맛을 다셨어요. 선풍기 앞에 바짝 붙어 턱을 괴고 곰곰이 생각하던 청설모는 갑자기 무슨 생각이 떠오른 듯 주위를 두리번거렸어요. 그리고 낮은 목소리로 다람쥐에게 속삭였어요.

"그럼 우리 아삭아삭 달콤한 수박 먹으러 갈래?"

"야, 그게 무슨 비밀이라고 귀에 대고 속닥거려. 귀 간지럽게. 그런데 우리 집에 수박 없는데. 너 돈 있어?"

"물론 나도 땡전 한 푼 없지. 하지만 걱정 마. 돈 같은 건 없어도 돼. 난 수박을 공짜로 먹을 수 있는 데를 알고 있으니까. 으흐흐."

"응? 그게 무슨 소리야?"

다람쥐는 커다란 눈을 둥그렇게 뜬 채 고개를 갸웃거리며 청설모를 쳐다보았어요.

"야야, 뭘 그렇게 눈을 동그랗게 뜨냐. 저기 길 건너편에 수박밭 있잖아. 거기 울타리 밑에 비밀 통로가 있거든. 그리로 들어가서 몇 개 슬쩍 따 오면 돼."

"지금 무슨 소리 하는 거야? 절대 안 돼. 남의 수박을 몰래 가져오는 건 도둑질이라고. 게다가 그 밭 주인이 누군지나 알아? 울던 아기도 그 이름만 들으면 눈물이 쏙 들어간다는 멧돼지 할아버지야. 갖고 나오다 딱 걸리면? 으, 생각만 해도 수염부터 꼬리털까지 바싹 서는 거 같다."

마을에서 가장 무섭기로 소문난 멧돼지 할아버지네 밭에서 수박을 서리하자는 말에 깜짝 놀란 다람쥐는 절대 할 수 없다고 손사래를 쳤어요.

"어휴, 넌 진짜 소심 대마왕이구나. 뭘 그렇게 심각하게 생각해? 수박 한두 개쯤은 말이지, 도둑질도 아니고 그냥 장난이야, 장난. 게다가 내가 알고 있는 장소는 외진 곳이라 걸릴 염려도 없어."

"아냐. 그래도 왠지 찝찝해. 가려면 너 혼자 가."

"너랑 나 사이에 이러기야? 네가 같이 안 가면, 내가 혼자서

무슨 용기로 수박을 서리하러 가냐."

"그러니까 가지 말자고. 수박 한 번 먹으려다 잘못하면 우리 둘 다 영원히 수박을 못 먹게 될 수도 있다고."

아무리 졸라 대도 다람쥐가 싫다고 하자, 청설모는 안 되겠다 싶었는지 태도를 조금 바꾸었어요.

"좋아. 그러면 다람쥐 너는 밭에 들어갈 필요 없어. 주변에 누가 오나 망만 봐 줘. 밭으로 들어가는 건 나 혼자서도 할 수 있으니까. 하지만 네가 망을 봐 주지 않으면 절대 성공할 수 없으니까 안 된다고는 하지 마. 내가 가져온 수박은 너한테도 나눠 줄게. 네가 직접 훔치는 것도 아닌데 우리 사이에 그것도 못 한다고 그러는 건 아니겠지?"

청설모가 우정까지 들먹이며 같이 가 달라고 하자, 다람쥐는 어떻게 해야 좋을지 알 수 없어서 망설였어요. 하지만 친구 사이의 의리를 지켜야 한다는 마음에 더 이상 거절할 수가 없었지요.

신나서 뛰어가는 청설모를 따라 다람쥐는 고개를 숙인 채 멧돼지 할아버지네 밭으로 향했답니다.

마을 어귀에 있는 넓은 수박밭에는 녹색의 줄기마다 싱싱한 수박들이 열려 있었어요. 청설모와 다람쥐가 밭에 도착했을 때 마침 주변에는 아무도 없었지요. 청설모는 며칠 전에 길을 가다 보아 둔 곳으로 다람쥐를 데리고 갔어요. 그곳에는 울타리 밑에 작은 구멍이 나 있었어요.

"넌 여기서 10분 동안만 누가 오나 망을 봐 줘. 혹시 10분이 지나도록 내가 안 오면, 알아서 도망친 거니까 그때는 너도 가도 돼. 알았지? 그리고 그 시무룩한 얼굴 좀 펴라."

"알았으니까 빨리 갔다 오기나 해."

대화가 끝나자마자 청설모는 바닥에 몸을 붙인 채 울타리 아래 틈으로 기어 들어갔어요. 그 모습을 바라보자 다람쥐는 더욱 마음이 불안해졌어요.

어느새 청설모는 녹색의 잎과 줄기들 사이로 숨어들어 다람쥐의 시야에서 사라졌어요. 청설모가 사라지는 광경을 보는 내내 다람쥐의 가슴은 쿵쾅쿵쾅 뛰었어요. 금방이라도 멧돼지 할아버지가 '이놈들!' 하고 소리치며 달려올 것 같았거든요. 초조해진 다람쥐가 시계를 보았지만 아직 시간은 채 3분도 지나지 않았어요.

그 무렵, 청설모는 옴짝달싹하지 못하고 숨어 있었어요. 하필이면 청설모가 숨어 들어간 주변에서 멧돼지 할아버지가 수박을 돌보고 있었기 때문이지요. 당황한 청설모는 이러지도 저러지도 못한 채 그 자리에 납작 엎드려 있을 수밖에 없었어요.

청설모가 다람쥐에게 망을 부탁하고 밭에 숨어 들어간 지 5분이 지났어요. 이제나 저제나 시간이 빨리 가기만을 기다리던 다람쥐는 고민을 하다가, 약속한 10분이 되기 전에 집으로 돌아가기로 마음먹었어요.

'어차피 누가 올 것 같지도 않고. 아무래도 도둑질을 돕는 것 같아 꺼림칙해.'

다람쥐는 청설모가 나오기 전에 얼른 이 자리를 떠야겠다고 생각했어요. 만일 청설모가 수박을 무사히 훔쳐 나와 다람쥐에게 나눠 준다면 꼼짝없이 공범이 되는 거니까요.

'망을 보는 중간에 그만뒀으니 나한테는 아무 잘못이 없어. 청설모가 수박을 훔치지 않고 무사히 밭에서 탈출했으면 좋겠다.'

다람쥐는 그런 생각을 하며 집으로 돌아왔어요. 하지만 집에 도착한 다람쥐에게는 불행한 소식이 기다리고 있었답니다. 수박밭에 숨어 들어갔던 청설모가 멧돼지 할아버지에게 붙잡혔다는 소식이었어요. 더구나 다람쥐도 청설모와 한패로 여겨져 퐁퐁이 판사의 재판장으로 나오라는 명령이 떨어졌답니다.

## 판결 이유를 말해 줘!

제가 생각하기에도 우리 청설모가 잘못한 것 같아요. 하지만 우리 아이는 수박 서리가 그렇게 나쁜 행동인지 잘 몰랐어요. 나쁜 짓인지 알지 못하고 저지른 잘못은 조금 약한 벌을 줘야 하지 않을까요?

좋은 지적입니다. 잘못을 저질러 놓고도 자신의 행동이 잘못된 것인지 모를 수 있죠. 예를 들어, 네 살배기 어린아이가 남의 가게에 놓여 있는 귤을 집어 갔다고 해 봅시다. 이 아이를 처벌할 수 있을까요? 당연히 그럴 수 없겠죠.

그러면 나쁜 행동을 저지르고 나서 자기가 한 행동이 나쁜 짓인지 몰랐다고 말하면 그만일까요? 잘못을 저질러 놓고도 나쁜 행동인 줄 미처 몰랐다고 말하려면, 그 이유에 대해 남에게 설명할 수 있어야 합니다. 귤을 훔쳐 간 아이는 '나이가 너무 어려서 아직 사회의 규칙을 제대로 알지 못했다.'라는 이유를 들 수 있겠죠.

하지만 청설모 또래의 학생이라면 수박 서리가 남의 물건을 함부로 훔치는 행동이라는 것을 충분히 알 만한 나이입니다. 게다가 친구 다람쥐에게 망을 봐 달라고 부탁하기까지 했잖아요? 수박 서리를 하다 걸리면 벌을 받는다는 것까지 알고 있었다는 거죠.

그러므로 수박 서리가 나쁜 행동인지 미처 몰랐기 때문에 청설모는 죄가 없다는 주장은 받아들이기가 어렵습니다.

판사님! 저는 우리 다람쥐가 왜 청설모랑 똑같은 책임을 져야 하는지 도저히 이해가 안 되네요. 우리 다람쥐는 청설모가 처음에 수박을 서리하러 가자고 했을 때 분명히 거절했어요. 처음부터 나쁜 마음을 먹은 청설모랑은 다르다고요. 그런데 왜 똑같은 책임을 져야 하죠?

네, 다람쥐 어머니의 마음도 이해가 갑니다. 혼자가 아니라 여럿이서 함께 잘못된 행동을 저질렀을 경우에는, 각각의 행동이 전체에 어떤 영향을 미쳤는지 잘 고려해서 판단해야 하지요. 여러 명이 함께 힘을 합쳐 나쁜 짓을 저질렀으니 모두 똑같이 나쁜 녀석들이라고 판단하는 것은 위험한 일입니다. 더 큰 잘못을 저지른 이와 비교적 작은 잘못을 저지른 이를 구분해야 하죠.

흔히 정도의 차이는 조금 있어도 본질적으로는 다르지 않을 때 '오십 보 백 보'라는 말을 쓰죠. 이 말은 법에서는 통하지 않는 말이에요. 법에서는 잘못의 정도를 짚어 주는 것이 매우 중요하니까요.

그렇다면 이번 사건에서 다람쥐가 과연 어떤 역할을 했는지 다시 한 번 살펴볼까요? 청설모가 수박 서리를 하자고 하자 다람쥐는 처음에는 거절했습니다. 하지만 나중에는 청설모의 부탁에 못 이겨 망을 보러 갔어요. 결국 다람쥐도 '수박 서리'라는 잘못된 행동을 함께 했다고 할 수 있습니다. 그러면 이전에 청설모의 제안을 거절했던 행동은 큰 의미가 없어집니다.

만일 다람쥐가 이 사건에 책임을 지지 않으려면 끝까지 하지 않겠다고 했어야 합니다. 하지만 다람쥐는 그러지 못했죠.

우리 다람쥐가 잘못을 하긴 했지만 단지 망을 봤을 뿐이에요. 수박을 직접 훔치러 간 청설모에 비해 잘못이 훨씬 가볍다고요! 그 점을 살펴서 책임을 물어야 하는 거 아닌가요?

네, 그렇게 생각하실 수 있습니다. 이 경우에는 다람쥐가 망을 보는 행동이 '수박 서리'라는 전체 행동에 어떤 영향을 미쳤는가를 살펴보아야 합니다.

사건을 다시 한 번 더듬어 볼까요? 청설모는 다람쥐가 망을 봐 주지 않는다면 혼자서 수박 서리를 하러 갈 수 없다는 말을 했습니다. 그때 청설모의 머릿속에는 이런 생각이 펼쳐졌을 것입니다.

'수박 서리가 성공하려면 다람쥐가 망을 꼭 봐 줘야 해. 다람쥐가 망을 보고 있을 때 내가 밭에 가서 수박을 훔쳐 오는 거지.

만약 다람쥐가 망을 봐 주지 않으면 나는 수박을 제대로 훔칠 수 없을 거야.'

만약 다람쥐가 망을 봐 주지 않겠다고 대답했다면 청설모는 어떻게 행동했을까요? 수박 서리를 포기하고 말았을 것입니다. 즉, 망을 보는 행동은 수박을 직접 훔치는 것 못지않게 수박 서리에 꼭 필요한 행동이었던 것입니다.

또 다른 예를 들어 볼까요? 두 사람이 힘을 모아 은행을 털었습니다. 한 명은 은행에서 돈을 훔쳤고, 나머지 한 명은 돈을 훔치고 나온 강도를 자동차에 태워 함께 도망쳤어요. 이 경우 자동차를 운전한 사람도 은행에서 돈을 직접 훔친 사람과 같은 처벌을 받습니다. 두 명이 함께 은행 강도 사건을 벌였기 때문이죠.

하지만 우리 다람쥐는 끝까지 망을 보지도 않았어요. 그런데 청설모는 그와 상관없이 수박을 훔쳤습니다. 즉, 청설모가 수박을 훔친 건 망을 보는 것과 관계없이 벌어진 일 아닌가요? 그러니 우리 다람쥐에게는 이 사건에 대한 책임이 없는 것 같은데요.

　그렇지 않습니다. 다람쥐가 망을 보기 시작하면서 수박 서리가 시작된 이상, 잘못된 행동은 이미 저질러진 것이기 때문입니다.

　만약 다람쥐가 끝까지 망을 보지 않겠다고 했다면 수박 서리는 애초에 시작되지도 않았을 것입니다. 하지만 다람쥐는 망을 보겠다고 했습니다. 중간에 다람쥐가 망을 보기를 그만두고 집으로 돌아갔다고 해도, 이미 시작된 수박 서리에는 아무런 영향을 주지 않습니다. 왜냐하면 청설모는 다람쥐가 집에 갔는지 모르기 때문이죠.

　청설모는 다람쥐가 자기 뒤에서 든든하게 지키고 있을 거라고 생각하고 수박 서리를 멈추지 않았습니다. 즉, 다람쥐가 망을 보든 보지 않든 간에 '수박 서리'라는 나쁜 행동은 계속해서 진행됩니다.

　그러므로 다람쥐가 진심으로 잘못된 행동을 되돌리고 싶었다면, 망을 보는 도중에 자기 혼자 돌아갈 것이 아니라 더 이상 망을 보지 않겠다고 청설모에게 말했어야 합니다. 아니면 멧돼지 할아버지를 찾아가 잘못을 솔직히 고백했어야 하죠. 그렇게 해야만 '수박 서리'라는 잘못된 행동이 더 이상 진행되지 않고 멈출 수 있기 때문입니다.

하지만 우리 모두가 알다시피 다람쥐는 그러지 못했습니다. 따라서 다람쥐와 청설모의 책임에는 아무런 차이가 없는 것입니다.

**퐁퐁이 판사의 법 원칙 4**
잘못된 행동을 되돌리려면 그 행동이 더 이상 진행되지 않도록 해야 한다.

 **뒷이야기**

　다람쥐도 청설모와 똑같은 책임이 있다는 판결이 내려지자, 다람쥐의 얼굴은 마치 구겨진 휴지처럼 찌푸려졌습니다. 당황해서 어쩔 줄 몰라 하는 다람쥐 앞에 청설모가 큰 꼬리를 신나게 흔들며 폴짝폴짝 뛰어왔습니다.

　"혼자만 쏙 빠져나가려 하더니 꼴좋구나."

　"뭐라고? 이렇게 된 게 누구 때문인데! 애초에 너 같은 애랑 다니는 게 아니었어."

　"흥, 그래? 신나게 같이 놀러 다닐 때만 좋은 친구고, 조금이라도 실수하면 친구도 아니라 이거지."

　그때였어요. 누군가가 나타나 다람쥐와 청설모의 머리에 꿀밤을 먹였어요. 갑작스러운 꿀밤에 놀란 다람쥐와 청설모는 누가 그랬는지 살펴보려고 동시에 고개를 들었어요. 둘의 눈앞에 멧돼지 할아버지가 하얀 송곳니를 번쩍거리며 서 있었어요. 할아버지는 콧김을 푸드득거리며 둘에게 말을 건넸어요.

　"요 녀석들, 아직도 뭘 잘못했는지 모르고 서로 남의 탓만 하는 거냐? 네 녀석들의 두 꼬리를 묶어서 저기 밤나무 가지에 걸어 놔야 반성을 할 테냐!"

씩씩거리며 다투던 다람쥐와 청설모는 멧돼지 할아버지가 나타나자 어느새 한편이 되었습니다.

"할아버지도 참, 그깟 수박 때문에 이렇게까지 하셔야 하나요?"

"그래요. 그까짓 수박, 물어 주면 되잖아요."

다람쥐와 청설모가 윤기 나는 꼬리를 바짝 세운 채 대들자 멧돼지 할아버지는 한숨을 푹 내쉬었어요.

"내가 너희들에게 화가 났던 것은 수박 값이 아까워서가 아니야. 수박이야 사실 돈만 주면 얼마든지 구할 수 있단다. 하지만 수박을 만들기까지의 과정은 결코 돈만으로 계산할 수 없지. 예를 들어 너희가 열심히 공부해서 밑줄도 긋고, 참고할 내용을 가득 적어 놓은 교과서를 누가 장난삼아 훔쳐 갔다고 해 보자. 그런데 그놈이 화를 내고 있는 너희들한테 그깟 교과서 하나 물어 주면 될 것 아니냐고 한다면 너희들의 기분은 어떻겠니?"

멧돼지 할아버지의 말을 듣자 다람쥐와 청설모는 자기들이 한 행동의 잘못을 깨닫기 시작했습니다. 수박이나 교과서뿐만 아니라, 열심히 일하는 이들의 노력과 땀방울이 담긴 물건에는 함부로 장난을 쳐서는 안 된다는 걸 어렴풋이 알게 된 거죠.

재잘재잘 떠들던 다람쥐와 청설모가 갑자기 조용해졌어요. 둘은 이제까지 있었던 일들에 대해 차분히 생각해 보게 되었습니다. 청설모는 다람쥐의 말을 듣지 않은 것을 뉘우쳤고, 다람쥐는 청설모를 끝까지 말리지 못한 것을 후회했죠.

골똘히 생각에 잠겨 있던 둘은 동그란 두 눈을 마주치더니, 약속이나 한 듯 멧돼지 할아버지에게 달려갔답니다.

"할아버지! 저희가 잘못했어요!"

"자, 얘들아! 내가 먼저 외치면 너희들이 큰 소리로 따라 외치는 거야. 알았지?"

"알았어. 마음껏 큰 소리로 외쳐."

"그래! 그래! 우리가 따라 할 테니 어서 외쳐!"

갓 피어난 새싹 위에 햇볕이 사뿐히 내려앉는 3월의 어느 월요일 아침, 평소라면 전혀 볼 수 없는 풍경이 행복 초등학교 교문 앞에 펼쳐지고 있어요. 이 시간이라면 학생들이 교실에서 의자에 앉아 선생님의 수업을 들어야 할 텐데 말이죠. 하지만 오늘은 달라요. 얌전히 수업을 듣던 학생들이 오히려 큰 소리로 이야기하고, 선생님들은 한 줄로 나란히 앉아 학생들의 이야기를 듣고 있어요. 선생님들은 처음 겪는 상황 앞에서 어쩔 줄 몰라 하고, 학생들의 얼굴에는 단호한 의지가 뚤뚤 뭉쳐 있어요.

그때였어요. 차돌보다 야무진 얼굴에 둥근 뿔테 안경을 쓴 수달이 큰 소리로 외치기 시작했어요. 바로 행복 초등학교의 학생회장이랍니다. 그러자 바늘에 꿰인 실처럼 다른 학생들도 입을 모아 수달의 말을 따라 했어요.

"어린이 인권을 보장하라!"

"보장하라! 보장하라! 보장하라!"

"초등학생은 쉬고 싶다!"

"쉬고 싶다! 쉬고 싶다! 쉬고 싶다!"

선생님들은 아무 말도 못 하고 그저 앉아만 있을 뿐이었어요. 왜냐고요? 선생님들도 알거든요. 열심히 공부하는 것도 중요하지만, 초콜릿보다 달콤하고 솜사탕보다 부드러운 휴식도 필요하다는 걸요.

어쩌다 이런 일이 일어나게 되었느냐고요? 궁금하면 행복 마을 의회에다 물어보세요. 그곳에서 만든 법률 하나 때문에 이런 일이 일어났으니까요. 학생들이 교실 밖에서 구호를 외치게 만든 문제의 법률은 이러한 내용이었어요.

행복 마을의 모든 초등학생은 마을의 교육 수준을 높이기 위해 하루에 열두 시간씩 의무적으로 교육을 받아야 한다.

무슨 생각으로 이런 말도 안 되는 법을 만든 걸까요? 하루에 여섯 시간 공부하는 것도 힘든데 무려 열두 시간이라니요. 학생들이 지치지도 않는 깡통 로봇인가요? 의회에서는 학생들이 기름칠만 하면 움직이는 기계인 줄 아나 봐요.

각 반의 담임 선생님이 이 소식을 전하자마자 학생들은 쥐고 있던 연필을 팽개치고 교실 밖으로 나갔답니다. 그뿐인가요. 행복 초등학교의 선생님들도 대놓고 말은 못 하지만 초등학생에게 하루 열두 시간씩 공부하라는 법률은 심하다고 생각하고 있었어요. 선생님들은 항상 학생들 가장 가까이 있으니 학생들 마음을 이해 못 할 리가 없죠. 그래서 학생들을 강제로 교실로 데려가지 못하고 어쩔 줄 몰라 하고 있었던 거랍니다.

학생들이 도무지 교실로 들어갈 생각을 하지 않자, 마침내 행복 초등학교의 교장인 판다 선생님이 나타났어요. 검은 선글라스를 쓴 것처럼 양쪽 눈 주위가 새까만 판다 선생님은 학생들에게 인기 만점이죠. 판다 선생님이 동글동글한 꼬리를 씰룩거릴 때마다 아이들은 '꺄아!' 소리를 지르며 좋아했답니다. 하지만 오늘은 그동안 쌓아 놓은 인기를 모두 잃어버릴지도 모르겠어요. 판다 선생님이 들고 있는 확성기에서 이런 소리가 흘러나왔거든요.

"사랑하는 행복 초등학교 학생 여러분, 지금 당장 교실로 돌아가 법률에 정해진 대로 열두 시간씩 공부하세요. 그러지 않으면 여러분의 이번 학기 성적은 모두 영점 처리될 것입니다. 그러니 빨리 교실로 돌아가 주세요."

판다 선생님의 말이 끝나자 당장 학생들 사이에서 술렁대는 소리가 들려왔어요.

"뭐? 빵점이라고? 내가 빵점을 맞으면 우리 엄마는 내 귀에 딱지가 앉을 때까지 잔소리를 할 거야."

"아마 우리 엄마는 대나무에 장미꽃이 필 때까지 잔소리를 할걸?"

여우원숭이가 귓구멍을 후비며 중얼대자, 엄마의 성화에 못 이겨 학원을 세 군데나 다니는 코알라도 덩달아 걱정을 했어요. 그 말을 들은 다른 아이들도 슬슬 고민이 되는지 교실로 돌아 가자고 한마디씩 던졌어요. 꽁꽁 언 빙판도 누군가 던진 돌멩이 하나에 쫙쫙 갈라지면서 금이 가듯이, 하나로 뭉쳐 있던 학생들의 마음도 금이 가기 시작한 거죠. 그때 마음을 단단히 먹은 수달의 목소리가 다시 들려왔어요.

"지금 교실로 돌아가면, 우리는 앞으로 하루에 열두 시간씩 공부해야 해. 그래도 좋아?"

그러자 아이들은 다시금 자기들이 모여 있는 이유를 깨달았는지, 법이 바뀌기 전까지 절대 교실에 돌아가지 않겠다며 목소

리를 높였어요.

"하긴 그런 법이 생기면 엄마한테 잔소리 듣기 전에 내가 먼저 가방 싸서 가출할지도 모르겠어."

"열두 시간을 공부만 하면 창밖에서 꽃이 피는지, 새가 우는지, 바람이 부는지 하나도 모를 거야. 정말로 공부만 하는 멍청이가 될 거야."

학생들이 다시 마음을 하나로 모았어요. 학생들이 도무지 흩어질 생각을 안 하자 판다 선생님이 확성기를 들었어요.

"다시 한 번 이야기합니다. 지금 즉시 교실로 돌아가지 않으면, 여러분은 법을 어긴 것이 됩니다. 그러면 성적이 영점 처리될 것입니다. 한 번의 잘못으로 평생을 후회하게 될 수도 있습니다. 그러니 빨리 돌아가 주십시오."

판다 선생님의 말이 끝나자 수달이 소리쳤어요.

"이 법은 말도 안 돼요. 아무리 나쁜 법이라도 일단 정해 놓으면 무조건 따라야 하는 건가요?"

판다 선생님은 수달의 목소리를 애써 모른 척하며 말했어요.

"행복 마을의 의회에서 다수결로 정해진 법이기 때문에 지켜야 하는 겁니다."

하지만 수달은 옳지 않다고 생각하는 일에 무조건 따를 수는 없다고 생각했어요.

"아뇨. 선생님, 제 생각은 달라요. 아무리 다수결로 정해진 법이라 하더라도 옳지 않은 법은 지키지 않는 게 맞는 것 같아요. 우리가 자라는 데 공부가 아무리 중요해도 너무 많이 하면 우리는 자라기도 전에 망가지고 말 거예요."

수달의 말이 끝나자 판다 선생님이 더 이상 설득을 포기했다는 듯, 고개를 설레설레 저으며 다시 확성기를 들었어요.

"그럼 유감스럽지만 지금 이곳에 있는 모든 학생들의 성적을 영점 처리하겠습니다. 모두 그렇게 알고 행동해 주세요."

판다 선생님의 말이 끝나자 학생들 사이에서 '우' 하는 야유가 들려왔어요. 수달은 아무리 잘못된 법이라고 하더라도, 한번 정한 이상 꼭 지켜야 한다는 판다 선생님의 말을 이해할 수 없었어요. 결국 수달은 법에 대해 잘 알고 있는 퐁퐁이 판사에게 물어보기로 마음먹었답니다.

 ## 판결 이유를 말해 줘!

 퐁퐁이 판사님, 저는 이번 사건을 겪으면서 법이 때로는 위험한 것이 될 수도 있다는 것을 깨달았어요. 그런데 왜 좋은 법이 있는가 하면, 나쁜 법도 있는 걸까요? 좋은 법만 만들 수는 없을까요?

 나쁜 법이 생겨나는 이유는 간단합니다. 법은 누가 만드는가에 따라 달라지기 때문이죠. 아주 간단하게 설명하면 좋은 동물이 만들면 좋은 법이 될 가능성이 높고, 나쁜 동물이 만들면 나쁜 법이 될 가능성이 높다고 볼 수 있죠.

그렇다면 우리가 해야 할 일은 딱 하나입니다. 바로 좋은 법을 만들 의원감이 누구인지 잘 살펴서 그분을 행복 마을의 의회로 보내야 해요. 그렇기 때문에 우리는 누가 우리의 뜻을 대표하는 법을 만들지, 누가 우리를 힘들게 하는 법을 만들지 구분하는 힘을 길러야 합니다. 또 선거에도 꼭 참여해서 우리를 대표하는 의원이 당선되도록 힘을 실어 줘야겠죠.

선거가 왜 중요한지 잘 알았습니다. 하지만 궁금한 점이 있어요. 설령 나쁜 법이 만들어졌다 하더라도, 시민들이 스스로 선택한 의원들이 만든 법인 것은 분명합니다. 그렇다면 우리 스스로가 만든 법이라고 볼 수도 있는데, 그 법을 받아들이지 않아도 되나요?

판다 선생님의 말씀도 일리가 있습니다. 아무리 우리가 원하지 않는 법이라 하더라도, 우리 손으로 뽑은 대표자가 만든 법이라면 기본적으로 지켜야 하는 것이 옳아요.

하지만 법이라고 해서 무조건 지킬 수 있는 것은 아닙니다. 가령 행복 마을에 '모든 빗방울은 땅에서 하늘로 올라가야 한다.'라는 법이 만들어진다고 해 봅시다. 그렇다고 해서 빗방울이 하늘로 올라갈 리는 없겠죠. 법은 자연의 이치를 거스르지 못하기 때문입니다. 즉, 법에 우선하는 이치나 가치가 있다는 것입니다.

인권도 이러한 가치에 해당합니다. 행복 마을의 모든 시민은 어떤 경우에도 종족과 성별, 종교, 취미 등에 의해 아무런 차별을 받지 않아야 합니다. 행복 마을 시민들이 행복을 추구할 권리는 그 어떠한 법보다도 위에 있는 가치입니다. 어떤 법도 그 가치를 해쳐서는 안 되죠.

따라서 설령 우리 손으로 뽑은 대표가 나쁜 법을 정한다 하더라도, 그 법이 자연의 이치나 인권과 같은 가치를 거스른다면 받아들일 수 없는 것입니다.

**풍풍이 판사님, 혹시라도 자연의 이치나 인권에 어긋나는 법이 만들어지면 어떻게 해야 하지요? 법을 어기는 게 쉽지는 않은 것 같아요.**

그런 법은 이미 법이라 부를 수 없다고 생각하면 됩니다. 그러한 법에 저항하는 것은 법을 어기는 것이라고 할 수 없어요. 오히려 자연이 정한 우리들의 권리라고 봐야 하지요.

예를 들어 행복 마을에 '친한 친구를 마구 때려 상처를 입혀야 한다.'라는 법이 만들어졌다고 생각해 봅시다. 이 법은 행복 마을 시민들의 행복을 망가뜨리고, 법보다 더 위에 있는 '인권'

의 가치에 어긋납니다. 그러므로 이러한 법은 당연히 지키지 않아도 됩니다. 또한 이런 법을 만든 의원들을 의회에서 쫓아낼 수도 있습니다.

흔히 '악법도 법이다.'라는 말을 하는데요, 제 생각에는 '악법은 법이 아니므로 지키지 않아도 된다.'가 옳은 말입니다.

그런데 악법인지 정당한 법인지 판단하기 어려운 경우도 있지 않을까요? '친한 친구를 마구 때려 상처를 입혀야 한다.'라는 법은 누구나 나쁘다는 것을 알 수 있습니다. 하지만 '어린이들은 열두 시간 동안 공부해야 한다.'라는 법은 찬성하는 학부모도 있고, 반대하는 학부모도 있어요. 좋은 법인지 나쁜 법인지 정확히 구분하기 힘들 때는 어떡하나요?

날카로운 지적이네요. 사실 누가 봐도 옳지 않은 법은 아주 드뭅니다. 대부분의 법은 옳고 그름을 판단하기가 어렵죠. 그래서 법을 만들 때에는 잘못된 법을 만들지 않도록 꼼꼼하게 생각하고, 깊이 고민해야 합니다.

그렇게 만든 법인데도 시민들이 이 법은 바람직하지 않으니 지킬 수 없다고 한다면, 다시 한 번 검토해야 합니다. 시민들이 주장하는 바가 정당하다고 여겨진다면 법을 고쳐야 하죠. 그리고 그 기간 동안 시민들은 법에 따르기를 거부할 수 있습니다. 이러한 행동을 어려운 말로 '시민 불복종'이라고 하죠.

그런데 '초등학생은 날마다 열두 시간을 공부해야 한다.'라는 법은 판단하기가 조금 애매합니다. 학생들의 인권을 침해하는 것 같기는 하지만, 그렇게 하기를 원하는 학생이나 학부모가 있을 수도 있으니까요. 따라서 이 법은 명백하게 나쁜 법이라고 하기는 힘듭니다. 행복 초등학교 학생들은 이 법을 지키지 않았으니 법을 어긴 거죠.

하지만 행복 초등학교 학생들은 자신들의 행복을 위해 제 나름의 방식으로, 나쁘다고 생각하는 법에 대해 불복종을 선언한 것이라고 볼 수 있습니다. 선거 기간이 지나면 시민들의 뜻을 의회에 전하는 것이 어려운 상황에서 시민들이 자신의 뜻을 직접 표현하는 행동을 한 거지요. 따라서 이런 경우에는 법을 어겼다고 처벌할 것이 아니라 시민들의 주장을 귀담아듣고 법이 지닌 문제점을 찾아 고쳐 나가는 것이 올바른 해결책입니다.

**퐁퐁이 판사의 법 원칙 5**
인권을 해치는 법은 잘못된 법이므로 지켜야 할 의무가 없으며, 더 나은 법으로 수정해야 한다.

 뒷이야기

　3월도 어느덧 다 지나고 봄볕이 한층 더 따스해지자 꽃들이 알록달록 잎을 피우기 시작했어요. 선생님은 교탁 앞에서 수업을 하고 있고, 아이들은 두 귀를 쫑긋 세우고 선생님의 수업을 열심히 듣고 있네요. 마치 한낮의 잔잔한 호수처럼 평화로운 모습이에요. 얼마 전의 소란은 상상도 못 할 만큼 말이죠.
　"수달! 선생님의 질문에 대답해 볼래?"
　"네. 훌륭한 민주 시민이 되기 위해서는 선거와 투표에 항상 관심을 가져야 합니다."
　"그래요. 잘 대답했어요. 또 누가 대답해 볼 사람?"
　선생님의 질문에 학생들이 질세라 손을 들어 "저요! 저요!" 하고 외쳤어요. 수줍음이 많아 누가 부르기만 해도 볼이 빨개지는 하마도 손을 들고 있네요.
　퐁퐁이 판사의 재판에 참여한 이후로 아이들은 자신의 의견을 말하는 데 전보다 훨씬 적극적이에요. 마을을 이루고 있는 시민으로서 자기 생각을 표현하는 일은 매우 중요하다는 것을 알았거든요. 중요하다고 생각되는 일에 자기 의견을 말하지 않는다면 자신한테 위험하거나 불리한 일이 생길지도 모른다는 것을 알게 된 것이죠.

운동장에는 햇빛에 반사된 모래가 반짝반짝 금빛으로 빛나고 있어요. 두 마리 동물이 운동장 한쪽에 놓인 벤치에 나란히 앉아 학생들의 모습을 흐뭇하게 바라보고 있어요. 바로 교장 선생님인 판다와 너구리 판사 퐁퐁이에요. 판다 선생님과 퐁퐁이 판사는 벤치에서 일어나 뒷짐을 진 채 뒤뚱뒤뚱 운동장을 걸어갔어요.

"판사님, 저는 이번에 아주 큰 교훈을 얻었답니다."

판다 선생님이 아이들이 있는 교실을 다정한 눈으로 쳐다보며 말했어요.

"무슨 교훈인가요?"

"이전까지 저는 정해진 규칙이나 법은 반드시 따라야 된다고 생각했었죠. 그렇게 하는 것이 사회의 질서를 지키는 것이라고 생각했습니다. 하지만 제 학생들은 그렇지 않았어요. 그 아이들은 규칙을 무조건 따르지 않고, 무엇이 옳고 그른지를 스스로 판단해서 행동했어요. 어떻게 보면 이 나이에 오히려 학생들에게 배운 셈이지요."

풍풍이 판사도 무릎을 치며 말했어요.

"저도 그렇습니다. 요즘 학생들은 자신의 의견을 적극적으로 표현할 줄 알아요. 저도 이번에 학생들의 행동을 보고, 우리 행복 마을의 미래는 밝구나 하는 생각을 했답니다."

너구리 판사 풍풍이와 판다 선생님은 눈이 부신 듯 실눈을 가늘게 뜨고 한참 동안 아이들을 바라봤어요.

이야기를 나오며
# 우리도 퐁퐁이 판사를 만날래!

"이렇게 해서 행복 초등학교 학생들의 파업 사건은 끝이 난 거죠."

아침에 시작했던 이야기는 서쪽 지평선 너머로 해가 넘어갈 때쯤에야 끝났어요. 이야기에 흠뻑 빠진 동물들은 배고픈 것도 잊고 입을 벌린 채 감탄했어요.

"와, 퐁퐁이 판사는 정말 대단하네요. 수달도 대견하고요."

"그러게 말이에요. 그 법이라는 걸 잘만 이용한다면 우리 동네에서 일어나는 싸움도 현명하게 해결할 수 있을 것 같아요."

곳곳에서 동물들의 탄성이 흘러나왔어요. 그런데 그때 흰 수염을 길게 기른 염소가 퉁명스러운 목소리로 말했어요.

"그래, 참 좋군. 나도 감탄했어. 그런데 말이지, 아무리 훌륭한 이야기라도 그게 우리한테 도움이 될까?"

"아이 참, 할아버지도 여태까지 이야기를 같이 들었으면서 그런 말씀이 나오세요?"

토끼가 뾰로통한 얼굴로 대꾸했어요.

"아무리 대단한 퐁퐁이 판사라 할지라도, 저렇게 며칠째 싸우고 있는 하이에나와 표범 녀석을 말릴 수 있겠느냔 말이지."

모두의 머릿속에 큰 소리를 지르며 싸움을 하던 하이에나와 표범의 모습이 떠올랐어요. 그와 동시에 모두의 입에서 긴 한숨이 나왔답니다. 그도 그럴 것이 표범과 하이에나가 퐁퐁이 판사의 재판에 순순히 나가려 할지 의심스러웠기 때문이죠. 그때였어요.

"갈 거예요."

"저도 갈 겁니다."

표범과 하이에나의 입에서 거의 동시에 흘러나온 소리였어요. 생각지도 않았던 말에 염소가 당황한 목소리로 말했죠.

"아니, 네 녀석들은 지금까지 누구의 이야기도 듣기 싫어하지 않았니?"

그 말에 하이에나가 바로 대답했어요.

"흥! 그건 잘 알지도 못하면서 아무렇게나 한마디씩 던지며 참견했기 때문이죠."

"그래요. 상황을 잘 모르면서 옳다 그르다 나서는 것이 싫었던 거라고요. 하지만 담비의 말이 사실이라면 적어도 퐁퐁이 판사는 양쪽으로부터 모든 사실을 충분히 들은 뒤에, 누구의 편도 들지 않고 공정한 판결을 내리는 것 같아요."

표범도 지지 않고 대답했어요.

"맞아요. 우리도 이렇게 끝도 없는 다툼은 질리거든요. 누군가 공정하게 우리의 잘잘못을 가려 주면 오히려 속이 시원하겠어요."

여태까지 지겹도록 싸워 왔던 둘은 언제 싸웠냐는 듯이 비슷한 말을 하고 있었어요. 하지만 얼렁뚱땅 화해를 하고 싶어 한다기보다, 퐁퐁이 판사의 재판에 나가 반드시 자기가 옳다는 것을 인정받으려는 눈빛이 엿보였답니다. 그리고 재판에서 이기려면 자신의 주장을 뒷받침할 수 있는 근거들을 열심히 모아야 한다고 생각하고 있었죠.

표범과 하이에나의 말을 들은 다른 동물들도 남의 다툼에 끼어들 때는 한쪽의 이야기만 듣고 판단하지 말아야겠다고 생각했어요. 모든 사실을 편견 없이 살핀 후에 합리적으로 판단해야 한다는 것을 깨달았지요.

노을이 붉게 물든 초원의 저녁, 표범과 하이에나를 비롯한 동물들은 이렇게 여러 가지 생각을 하며 다들 자신의 집으로 돌아갔답니다.

 작가의 말

  생각이 다른 사람들이 함께 모여 살아가는 사회에서 '법'이라는 것은 참 고마운 존재입니다. 예를 들어 우리가 다른 사람에게 매를 맞지 않거나, 다른 사람이 우리의 물건을 함부로 가져가지 못하는 이유는 우리가 법의 테두리 안에서 보호를 받고 있기 때문입니다. 다시 말해 법이 있기 때문에 사람들이 나쁜 짓을 당하지 않고 무사히 살아갈 수 있는 것이지요. 이렇듯 법은 우리가 알지 못하는 사이에도 우리를 지켜 주고 있습니다. 그럼에도 불구하고 대부분의 사람들은 법에 대해 잘 알지 못합니다. 어린이뿐만 아니라 어른들도 마찬가지입니다. 법 용어가 어려운 것도 있지만 논리적으로 문제를 해결하는 과정 또한 법

을 정식으로 배우지 않은 사람에게는 조금 이해하기 어려운 면이 있기 때문입니다.

　법을 어렵게 느끼는 어린이들을 위해 머리를 맞대고 의논한 결과 만들어진 책이 바로 『너구리 판사 퐁퐁이』입니다. 행복 마을에 사는 지혜롭고 귀여운 너구리인 퐁퐁이는 따뜻한 마음과 풍부한 법 지식을 바탕으로 동물들 사이에서 벌어지는 여러 사건들을 척척 해결해 나갑니다. 여러분은 퐁퐁이가 사건을 해결하는 과정을 따라가면서 법의 기초 원리에 대해 이해하게 될 거예요. 그와 동시에 주어진 문제 상황에 대해 서로의 의견을 들어 본 뒤 합리적인 해법을 제시하는 기본적인 논술의 원리 또한 자연스럽게 익히게 된답니다.

　부디 『너구리 판사 퐁퐁이』를 읽은 친구들이 퐁퐁이와 행복 마을의 동물들을 통해 법과 더욱 친해지기를 바랍니다. 세상을 보는 눈이 조금은 달라져 있다는 것을 느낄 수 있을 것입니다.

2013년 10월

김대현, 신지영